BUURTGELUIDEN

Eerder verschenen in deze reeks:

De dag van de nieuwe haring
Het leed dat liefde heet
Het verdwenen kruispunt
Een plek onder de zon
Schitterend blauw
Haagse bluf
Plat du Jour
Vader en dochters
Liefde, seks & regen
De kleine keizer
Tout va bien
Donkere dagen
Mijn leven als hond
C'est la vie
Dertig graden in de schaduw
Overal wonen mensen
Jongensjaren
Rokjesdag

Martin Bril

Buurtgeluiden

2010 Prometheus Amsterdam

Uitgeverij Prometheus stelt alles in het werk om op milieuvriendelijke en duurzame wijze met natuurlijke bronnen om te gaan. Bij de productie van dit boek is gebruikgemaakt van papier dat het keurmerk van de Forest Stewardship Council (FSC) mag dragen. Bij dit papier is het zeker dat de productie niet tot bosvernietiging heeft geleid.

Eerste druk september 2010
Tweede druk oktober 2010

© 2010 Erven Martin Bril
Deze verhalen verschenen eerder in *de Volkskrant*
Omslagontwerp Hugo Zwolsman
Foto omslag Peter Boer
Foto auteur Anneke Stehouwer
www.uitgeverijprometheus.nl
ISBN 978 90 446 1669 9

Koekjesbrug

Bij mij om de hoek is een brug die de Koekjesbrug heet. Hij loopt over de Singelgracht. Aan de overkant begint het centrum van Amsterdam. Aan mijn kant ligt Oud-West. Het is een mooie, oude brug, en de naam vind ik ook mooi, voor een brug. Iedere keer als ik eroverheen kom, mompel ik hem even.

Koekjesbrug.

Aan de overkant van de Koekjesbrug ligt een groot verzorgingstehuis, Bernardus. Voor de deur staan een paar bankjes. Zodra de zon schijnt, zitten daar bewoners te roken. Af en toe staat er een lijkwagen voor de deur. Dan is er iemand overleden in het tehuis. Maar het is vaker mooi weer dan dat de dood toeslaat.

De Koekjesbrug is 's ochtends een brug die vooral gebruikt wordt om stadwaarts te gaan. Studenten, mensen die gaan werken. Aan het einde van de middag komt de stroom weer terug naar Oud-West. In de tussentijd gebeurt er maar weinig op de brug.

Het mooiste is het uitzicht in de richting van Oud-West: je kijkt dan de Bosboom Toussaintstraat in, waar op dit moment aan beide kanten van de straat de bomen in knop staan. Je kunt ook uitkijken over het water van de Singelgracht. Grote kans dat je een plastic zak ziet drijven, een paar meerkoeten aan het werk, een bootje.

Kan een brug iets betekenen?

Voor mij betekent de Koekjesbrug, als ik vanuit de stad kom, dat ik bijna thuis ben. Het is de laatste hobbel die ik moet nemen. Als het stoplicht op het kruispunt met de Nassaukade meezit, zeil ik op de fiets zo mijn eigen buurt in. Als het tegenzit, moet ik stoppen, maar ook dat is niet erg, ik ben toch bijna thuis.

Als ik de stad in ga, is de Koekjesbrug de plek waar ik me nog kan bedenken. Wat heb ik eigenlijk in de stad te zoeken? Waarom blijf ik niet thuis? Zet ik door, dan is de brug de plek waar ik thuis van me afschud. Vijftig meter verderop ligt de Marnixstraat, een drukke straat, met trams, bussen, taxi's en vrachtwagens. Nog voor ik die ben overgestoken, heb ik het gevoel dat ik ver van huis ben.

Vreemd, toch wel.

De Koekjesbrug ken ik in alle jaargetijden, en onder alle weersomstandigheden, maar op zijn best is de brug op een zinderende zondagmiddag in augustus. De bomen langs de gracht hangen zwaar over het glinsterende water, de Bosboom Toussaintstraat is een diepe tunnel van schaduw, aan het einde staat de zon. Het is zo heet dat er op de bankjes voor het tehuis niemand zit. Door het water van de gracht glijdt een rondvaartboot met oververhitte toeristen. Als hij onder de brug door is, en om de hoek de Leidsegracht in vaart, valt een klamme stilte over het leven.

Het is nog lang geen augustus, maar toen ik gistermiddag over de Koekjesbrug kwam, moest ik er toch even aan denken, en aan de brug zelf, onder mijn voeten, geschiedenis, een stukje Amsterdam.

Een jonge moeder achter een wandelwagen kwam me tegemoet. Aan de kar was een leuk klein parasolletje gemonteerd om de baby uit het zonlicht te houden. Het leek me wat overdreven, maar het deed me dus aan die hete zondagmiddag denken.

De moeder schonk mij in het voorbijgaan een vermoeide glimlach, en hoewel ik nog een meter of honderd van mijn voordeur verwijderd was, voelde ik me ineens thuis – altijd een wonder.

Eenzaam

Mijn buurman is een stille, wat nurkse man die alles over Lodewijk Napoleon weet en daar graag over vertelt. Zijn verhalen komen niet altijd gelegen, maar buurman is eenzaam, en oud, dus af en toe laat ik Lodewijk een uurtje over me heen komen. Wat de buurman het meest fascineert aan Lodewijk, is dat hij zo eenzaam was. Dat zal wel komen doordat hij zelf ook erg alleen is. Hij heeft weliswaar kinderen, maar die komen vrijwel nooit op bezoek, en de foto van zijn overleden echtgenote op het dressoir praat niet terug.

De eenzaamheid van Lodewijk, die in 1806 koning van Holland werd, moet hartverscheurend zijn geweest. Om te beginnen had hij een broer die alles beter wist. Vervolgens had hij een karakter dat neigde naar melancholie en sacherijn. Bovendien leed hij aan reumatiek en was hij gedeeltelijk verlamd als gevolg van een verwaarloosde geslachtsziekte. De enige vriend die hij tijdens zijn koningschap maakte, was een hond die tijdens een werkbezoek aan Tiel in zijn koets sprong en die hij prompt naar die plaats vernoemde.

Ik heb de buurman wel eens voorgesteld om naar Tiel te

rijden en de plek te zoeken waar de hond bij de koning in de koets sprong, maar toen keek hij me glazig aan. 'We kunnen ook de archieven in duiken,' voegde ik eraan toe, 'dat is in kleine provinciestadjes tegenwoordig heel makkelijk.' Ook dat leek hem niks – hij wil Lodewijk en zijn eenzaamheid op zijn eigen manier blijven gedenken.

Tiel was in het Paleis op de Dam en in de tuinen van Huis ten Bosch niet erg geliefd. Hij blafte naar iedereen en vloog voorbijsnellend personeel in de broekspijpen. Hij at van tafel en sliep op Lodewijks lamme voet. De koning geloofde dat daar een heilzame werking van uitging, zoals hij ook geloofde in moedermelk. In Lodewijks gevolg bevond zich daarom standaard een min.

Onbekend is wat zijn vrouw Hortense daarvan vond, een stiefdochter van de grote Napoleon, maar wat de buurman wel weet, is dat zij nauwelijks van haar man hield, en nog minder van Holland, dat ze koud, kaal en zuinig vond. Het grootste deel van haar regeerperiode bracht ze daarom elders door, in Parijs, in Duitsland, in de Pyreneeën, in Laken bij Brussel – ja, overal was het beter dan in Holland, waar zij zich zo eenzaam voelde.

De eenzaamheid van een koningin, en een koning, is door Hortense in haar memoires indrukwekkend beschreven. Men zit voortdurend aan tafel, maar men zegt niets tegen elkaar. Na de maaltijd, die uren duurt, neemt de koning zijn zoontje op schoot en speelt hij urenlang met één vinger piano. Daarna brengen lakeien de speeltafels binnen en is het kwartetten geblazen. Soms loopt de koning met zijn zoontje naar het bordes om naar de bevolking te zwaaien.

Om een uur of tien 's avonds is het tijd voor het eerste en enige woord dat koning en koningin tot elkaar spreken: 'Goedenacht.' De koning begeeft zich dan naar zíjn vertrekken, in de uiterste zuidoosthoek van het paleis, en de koningin naar de hare, in het noordwesten, die uitkijken op de Nieuwe Kerk en een stinkende gracht. Daar leest ze nog wat – ze hield erg van spookverhalen – en borduurt ze bij de haard, die walmt dat het een aard heeft. Hun kind brengt de nacht elders in het koude, vochtige paleis door – ook eenzaam.

Uiteindelijk ontvluchtte de koningin haar koning en haar koninkrijk en bleef Lodewijk alleen achter, met Tiel, de hond. Napoleon was inmiddels zo ontevreden over de verrichtingen van zijn broer als koning dat hij besloot Holland bij Frankrijk in te lijven. In juli 1810 deed Lodewijk afstand van de troon. Een paar dagen later verliet hij het land.

Aan zijn ellende kwam daarmee trouwens geen einde, want na een paar dagen reizen sloeg bij Hannover zijn koets om en daarbij werd de hond Tiel tussen de wielen vermorzeld. Nu was Lodewijk pas echt heel eenzaam, al voelde hij zich ook best een beetje bevrijd van dat vreselijke koningschap.

Dit is in het kort het verhaal dat de buurman mij met enige regelmaat vertelt. Af en toe maakt hij uitstapjes naar andere anekdotes over Lodewijk, maar meestal komt hij al snel terug op Tiel, de hond en de eenzaamheid. Ik denk wel eens: de buurman wil eigenlijk zelf een hond, maar hij neemt geen hond uit angst nog eenzamer te worden.

Sandalen

Vrouwen zijn vreemde wezens. Mannen misschien ook wel, maar omdat ik zelf man ben, stap ik daar makkelijk overheen. Een beetje meer zelfkennis zou geen kwaad kunnen, hoor ik wel eens, en dan ga ik voor de spiegel staan. Wat een rotkop, denk ik dan meteen, en daarna maak ik me uit de voeten. Dat mijn vrouw nog steeds bij me is, is een wonder waarvan mijn mond open zakt. Haar voeten zou ik moeten kussen.

Over voeten gesproken: hier om de hoek zit een winkel die alleen maar Birkenstock-sandalen verkoopt. Ik hoef niet uit te leggen wat dat voor sandalen zijn, want in elk huishouden moeten ze voorkomen. De hele zomer zag het namelijk elke dag zwart van de mensen, vooral vrouwen en meisjes, bij de Birkenstock-winkel. Er hangt zelfs een bordje aan de deur dat het personeel de deur op slot doet wanneer het binnen vol is. De klanten wordt vriendelijk verzocht op de stoep te wachten tot er iemand klaar is. Niemand laat zich daardoor uit het veld slaan. Keurig staan de mensen in de rij, alsof ze naar de dokter moeten – adembenemend.

In de rij voor sandalen!

Ik weet dat het er de tijd niet meer voor is (zelf heb ik mijn loafers en slippers allemaal opgeruimd en draag ik alweer donkere, lange sokken en saaie schoenen), maar die Birkenstock-winkel blijft me achtervolgen. Dat komt doordat ik er elke dag wel één of twee keer langskom met de hond. Ik hoor u zeggen: 'Neem een andere route.' Maar dat is makkelijker gezegd dan gedaan met een hond. Zo'n dier is gewend aan zijn vaste rondje en heeft overal plekken waar hij even wil aanleggen. Dat is trouwens ook een wonderlijk fenomeen, maar dat terzijde. Het maakt niet uit hoe laat we voorbijkomen, er staan altijd klanten in die winkel, vrouwen. Kennelijk om bontgevoerde wintersandalen te kopen. Of alvast sandalen voor de zomer van volgend jaar. Ja, de Hollandse vrouw is ertoe in staat om driekwart jaar van tevoren haar sandalen te kopen. Hoeft ze niet in de rij te staan. Lekker praktisch. Dat is natuurlijk het geheim van die Birkenstock-sandaal: hij is zo praktisch. Je hoeft nooit meer om te kijken naar je voeten. Je kunt hem altijd aan.

Wat me van de zomer opviel, was dat de sandaal niet alleen populair is onder jonge moeders en huisvrouwen, maar ook onder Marokkaanse meiden en Surinaamse gezinnen. Hele auto's vol stonden op zaterdagmiddag in de blakerende zon te wachten tot ze naar binnen mochten. Hoe lelijk ik de Birkenstock ook vind, die volle autootjes vond ik een mooi gezicht. Ik durf best te zeggen dat ik mijn vrouw de hele zomer aan haar hoofd heb gezeurd over die sandalen. Of zij niet ook een paar wilde kopen. Het dreef bij vlagen een wig in ons huwelijk. 'Ga er zelf op lopen!' riep mijn vrouw dan woedend uit.

Ik? Op sandalen? Het zou kunnen, waarom niet? Mijn garagehouder loopt op Crocs (strikt genomen geen sandaal, maar het komt in de buurt) en hem beschouw ik als een dierbare vriend. Hij heeft het aan zijn rug, dus ik vergeef hem zijn Crocs. Verder komen er in mijn wereld geen sandalendragers voor, hoewel ik niet kan ontkennen dat mijn moeder vroeger op Scholl-kleppers liep, van die houten, met een rode, leren band en een koperkleurige gesp. Ach, dat had wel iets, daar kan ik met enige weemoed aan terugdenken.

Gelukkig is het oktober en hoeven we ons geen echte zorgen te maken om sandalen. Er staan ons een lange herfst en een barre winter te wachten; dat hoop ik tenminste. Het moet toch mogelijk zijn eens langs een lege Birkenstock-winkel te lopen. Geen klanten, alleen twee verkoopsters die zich vervelen. Als de een gaapt, steekt ze de ander aan, en die gaapt dan ook. Ze zwaaien naar de man met de hond die passeert. Op dat moment wacht ik, en als het dan eindelijk voorjaar is, koop ik ook een paar Birkenstocks, om overal vanaf te zijn.

Zwerver

De zwerver is nog niet zo oud. Hij heeft lang donker haar dat in smerige, vervilte plakken langs zijn ingevallen wangen ligt. Ik zie hem iedere dag.

Hij draagt een oude parka, een slobberende broek en soms schoenen. Hij is ook wel eens op blote voeten. Hij heeft altijd een paar uitpuilende plastic tassen bij zich, van Albert Heijn, van Dirk van den Broek, van de HEMA. Het zijn vaak verse tassen, alsof hij ze speciaal bij die winkels ophaalt. Dat is zo'n typisch daklozenraadsel.

's Ochtends kom ik hem wel tegen bij de vuilcontainers twee hoeken verderop. Soms staat hij op een van zijn volle zakken. Zijn bovenlichaam is dan helemaal verdwenen in de container. Ik heb eens minutenlang staan wachten om te zien waarmee hij tevoorschijn zou komen.

Een lege fles.

Ik kom hem ook soms voor de deur tegen. Hij is zo'n man die uit het niets komt, maar van wie je ook niet schrikt. Ineens is hij er, met zijn tassen, en zijn vuile, lange haar. Hij sloft langzaam voorbij en maakt een nadrukkelijke bocht om mij te ontwijken. Hij heeft bruine, levendige ogen waar ik zelfs een flikkering van spot in heb gezien. Alsof hij alles doorzag en overal boven stond. 's Avonds laat, ten slotte, zie ik hem ook wel eens. Ik zit dan achter mijn bureau en zie achter de luxaflex zijn schim.

Gisteren zag ik hem aan het einde van de middag op de brug die ik over moet om in de grachtengordel te komen. Het is een brede, oude brug en er staan alweer twee van die houten schotten op palen waar politieke partijen hun affiches op kunnen plakken. Het hout was nog leeg, al hingen hier en daar flarden van oude posters.

De zwerver zat aan de voet van de constructie, tussen de palen. Hij zat op zijn hurken, met al zijn plastic tassen om zich heen. Trams, fietsers en auto's kwamen voorbij, het wegdek glinsterde. Er viel een dunne, koude regen. Voetgangers die de zwerver passeerden, leken hem niet te zien. Niemand hield de pas in. De mensen gingen naar huis, het weekend in.

Op een gegeven moment, een aanleiding was er niet, begon hij in een van zijn tassen te rommelen. Hij deed het met beleid, alsof hij precies wist wat erin zat. Er kwam uiteindelijk een trui tevoorschijn. Moeizaam stond de man op.

Hij sloeg de trui uit en keek ernaar alsof hij overwoog hem aan te trekken. Geruime tijd stond hij met de trui in zijn handen. Ik dacht aan mijn moeder, die zo wel eens een blouse of truitje voor zich hield, in een winkel, om aan mijn vader te vragen of het haar stond. Die mompelde dan maar wat, en teleurgesteld hing mijn moeder het kledingstuk terug in het rek. Het kwam ook voor dat ze zich er niets van aantrok; dan verdween ze naar de paskamers.

Jaja.

De zwerver was er nu uit. Hij slofte naar twee van de houten palen en knoopte de trui er met de mouwen aan vast; dit alles in slow motion – de ene mouw aan de ene paal, de andere mouw aan de andere paal. Het resultaat was dat de trui er prachtig kwam te hangen, maar iets lugubers had het ook. Tot slot verplaatste de man al zijn tassen en ging hij onder de trui zitten. Misschien dat hij zich nu thuis voelde.

Buurt-Polen

Bij mij in de buurt zijn ze altijd aan het bouwen. Je zou zeggen: zo'n buurt is een keer af, maar nee dus. Soms is het een week rustig, maar daarna klinkt altijd wel weer ergens gezaag, getimmer of geboor. Het is om gek van te worden, hoewel er ook wel nijverheid en geloof in de toekomst in al die herrie doorklinkt – en daar klamp ik me dan maar aan vast.

Een ander wonderlijk fenomeen is dat al dat verbouwen en klussen iets besmettelijks heeft: het blijft nooit bij één huis, er volgt altijd een tweede pand, en al snel een derde. Het komt in golven, lijkt het wel. Je zou daaruit kunnen concluderen dat de omloopsnelheid van woningen in mijn buurt enorm hoog is, maar dat is ook weer niet zo: ik zie voortdurend dezelfde buren. We houden hier gewoon heel erg van verbouwen.

Er is één ding dat ik mis, of laat ik het zo zeggen: ik mis het helemaal niet, maar het valt me op dat het ontbreekt: de radio. Een beetje bouwvakker heeft een enorme radio bij zich die de hele dag op een verkeerde zender staat, zoals bekend. Zulke bouwvakkers heb ik hier ook wel meegemaakt, sommigen zongen nog mee ook, veel Koos Alberts en Hazes, die dood is, maar de laatste tijd is het stil – afgezien natuurlijk van al dat timmeren, boren en zagen.

De verklaring voor de ontbrekende radio is eenvoudig: de Nederlandse bouwvakker is vervangen door een Poolse, ja, ik zeg het maar eerlijk: het wemelt in mijn buurtje van de Polen. Het is een begrip zelfs: 'Hebben jullie ook Polen?' Werksters komen uit Polen, bouwvakkers uit Polen, in mijn buurtje.

De eerste keer dat ik Polen zag, was jaren geleden, tijdens een zondagochtendwandeling met de hond. Ergens op een straathoek trof ik een gele Ford Transit-bus met Poolse nummerplaten. De deuren stonden open. Binnen waren ongeveer tien zitplaatsen. Hier en daar lag iemand te slapen.

De vloer was bezaaid met bagage en etensresten. Verderop, in het zonnetje, stonden de mannen die al wakker waren, en de mannen die straks in het busje terug zouden keren naar Polen. Zowel de komende als de gaande Polen zagen er moe uit, en ze hadden iets verlegens ook, zoals ze om de man heen stonden die de reis en het werk had geregeld en die nu het hoogste woord had.

Tsja.

Op dit moment is er weer sprake van een bouwgolf in mijn buurt. Maar de Polen worden niet meer met busjes aangevoerd; de straten staan nu vol oude BMW's met Poolse nummerborden. De mannen hebben hun eigen vervoer, de eerste stap naar eigen rijkdom, en de achterbanken zijn bezaaid met McDonald's-dozen, de tweede stap.

Ik zie ze wel eens pauzeren tijdens al dat timmeren en boren en zagen, en de timide, verlegen blik van toen heeft plaatsgemaakt voor de glinstering van ambitie. Van werkvee zijn ze veranderd in mannen met een missie. Ze hebben geen muziek nodig om al werkend de zinnen te verzetten. Ze hebben zin. Ze werken.

Regen

'Kutweer,' zei Nasser van snackbar Picobello in Amsterdam-Oud-West toen ik binnenkwam. Er viel niets op af te dingen, maar een hartelijke ontvangst was anders.

Ik ging bij het raam zitten.

'Koffie?' vroeg Nasser.

'Koffie,' zei ik, ineens ook kortaangebonden.

Stilte.

Twee meiden van een jaar of veertien kwamen binnen. Ze hadden één paraplu bij zich en allebei een rode rugzak van het merk Eastpak. Ze ploften naast de gokkast neer op de plastic tuinstoelen die Nasser 's zomers buiten zet. Toen pas deden ze de paraplu dicht, wat een wolk van ragfijne druppeltjes in de snackbar veroorzaakte.

'Je koffie,' zei Nasser tegen mij.

'Wat wil jij?' vroeg het ene meisje aan het andere.

'Iets warms.'

'Ik ook.'

Achter de toonbank nam Nasser zijn grote Lee Towers-bril af. Met een punt van zijn schort begon hij de glazen te poetsen. Dit is een vreemde gewoonte van de man. Aan het einde van een drukke dag kun je hem aantreffen met zulke vette glazen in zijn bril dat zijn ogen nauwelijks meer te zien zijn.

Ik pakte mijn koffie van de toonbank. Een van de meiden maakte haar rugzak open en haalde er een agenda, een pakje papieren zakdoekjes en een verfrommeld stuk textiel uit, dat ik pas later als hoofddoek identificeerde. Ze droogde haar gezicht met een zakdoekje.

'Ik neem een frikadel,' zei de ander, die op haar telefoon controleerde of ze berichten had.

'Ik ook, speciaal,' zei de ander.

'Ik ook speciaal.'

Nasser boog zich in zijn vitrine en pakte twee frikadellen, die hij op een blauw plankje opensneed. Daarna verdwenen ze in het sissende vet. Het was tien over twee, de maandag was onvermijdelijk op zijn retour. Buiten bolderde een vrachtwagen van een meubelzaak voorbij. Op de flank stond WONEN IN JE DROOM. HET KAN! Het leek me te hoog gegrepen.

'Wat heb jij morgen?' vroeg het meisje dat haar agenda op schoot had. Ze bladerde erdoorheen. Het deed me aan mijn eigen oude Rijam denken, en aan de foto's van Slade die erin stonden.

'Weet ik veel. Dinsdag,' antwoordde de ander, 'shitdag.'

Dinsdag shitdag.

Nasser zette de radio aan. Politici maakten gehakt van elkaar en van elkaars plannen. Omdat de frikadellen bijna klaar waren, moest Nasser zich eerst daarmee bemoeien voor hij een andere zender op kon zetten.

Het meisje van de shitdag stond op om de consumpties te halen. De ander speelde met wat haar hoofddoek moest zijn. Ze keek met haar donkere ogen rakelings langs mij heen naar de regen.

Veegploeg

Het was stil in de straat. Iedereen was naar zijn werk, overal kon je parkeren. Een zwerver slofte voorbij. Een tijdje later klonk eindelijk lawaai.

Het was een man van de reinigingsdienst. Hij droeg een fluorescerend oranje jack en een blauwe dienstbroek. Op zijn rug had hij een machine. Er hoorde een grote buis bij die hij met zijn gehandschoende handen stevig vasthield en heen en weer zwaaiend op de grond richtte.

Een bladblazer.

De man had al heel wat straten gedaan, want hij bediende de blaaspijp met routineuze verve. Van links naar rechts ging het, en de bladeren dwarrelden op, vederlicht, met uitzondering van de heel natte die onder autobanden hadden gelegen; die weigerden te gaan. De man blies de boel naar het midden van de rijweg.

Om zijn grote, getaande schedel droeg hij een gouden ketting met kleine bedeltjes. Waarschijnlijk op straat gevonden en geprobeerd om de nek te doen; daarbij was de ketting blijven haken op de wenkbrauwen. En ach, in Amsterdam kan alles – dus vandaag liep hij er zo bij.

De man was niet alleen. Hij had een kleine colonne in

zijn kielzog: vier ondergeschikten met van die takkenbezems, en een veeg-en-zuigwagen met knipperlichten en twee bestuurders aan boord. Het hele gezelschap kwam tergend langzaam de straat door.

Kleurrijk, dat wel.

Om te beginnen een zeer zwarte neger met een schaatsmuts à la Kees Verkerk. Daarna een sterk vermagerde blanke jongen met in beide oren diverse ringen, en wallen onder zijn ogen. Toen een lichtbruine rastafari met het bijbehorende haar en de bijbehorende, ontspannen tred, en tot slot: een montere, al wat oudere Marokkaanse of Turkse heer met een nette bril op. Qua leeftijd viel hij uit de toon, maar in het vegen onderscheidde hij zich niet.

En geveegd werd er.

Twee mannen liepen aan de ene kant van de straat, twee aan de andere kant. Ze werkten naar het midden toe, waar de bladblazer de meeste bladeren naartoe had geblazen, maar waar het nog wel een zootje was, en dat moest nu juist een mooie baan worden.

Over vegen kun je veel zeggen, maar niet dat hard vegen beter is dan zacht vegen. Vaak is zelfs het laatste beter dan het eerste, en dat kan verwarrend zijn, want je bent geneigd je beste beentje voor te zetten. Bovendien heb je haast. Hoe je veegt, hangt dus van allerlei factoren af, ja, er komt heel wat bij kijken. Het beste zicht heeft hij die regelmatige pauzes neemt.

Ook dat gebeurde vaak.

Maar intussen naderde de veeg-en-zuigwagen, een paramilitair voertuig dat een enorme herrie maakt, en de beide inzittenden, niet ver verwijderd van hun prepensioen en beiden blank en dik, leken niet van plan ook maar een seconde in te houden: wat ze opzogen aan bladeren, zogen ze op, en bladeren die te laat kwamen, waren te laat en bleven gewoon liggen. Dat was soms best teleurstellend voor de veegploeg.

Aan het einde van de straat hield de kopman halt. Hij zette zijn machine uit en wachtte tot de veegploeg bij hem was. Toen ze er allemaal waren, gingen ze op hun bezems leunen. De bladblazer draaide een sjekkie, de veeg-en-zuigwagen kwam brullend dichterbij. De mannen in de cockpit keken stuurs voor zich uit. Op de plek waar bij een auto de middenspiegel hangt, bungelde een naakte barbiepop aan een oneerbiedig touwtje.

Surprise

Het leven is hard. Voor de betrokkenen is dat wel eens zuur, maar voor de omstanders is het een bron van vermaak.

Aan het einde van de Bosboom Toussaintstraat in Amsterdam-West ligt een pleintje, min of meer parallel aan de Constantijn Huygensstraat. Op een hoek van dat pleintje zit sigarenwinkel Surprise.

Of beter: zat.

Tientallen jaren achtereen werd het kleine winkeltje bemand door het echtpaar Truus en Piet. Ze hadden een hond die nog erger stonk dan het eten dat Truus in het keukentje achter de winkel voortdurend aan het bereiden was. Toch bereikte Piet twee jaar geleden veilig de pensioengerechtigde leeftijd en deed hij de zaak over aan Marjolein Hartman.

Marjolein komt uit een roemrucht Amsterdams geslacht van sigarenwinkeliers. Haar vader verloor zelfs het leven bij een overval op zijn winkel in Oost. In een mum van tijd veranderde Marjolein het vieze winkeltje van Truus en Piet in een blinkend paleisje voor rokers, snoepers en gokkers. Ook was er eindelijk weer ruimte in de zaak om te blijven hangen en een praatje te maken.

Maar Marjolein had al snel in de gaten dat haar mooie winkel in de verkeerde buurt stond (te veel niet-rokende *Volkskrant*-lezers, te weinig dure sigarenmannen, te weinig loop in de staatsloten en de tijdschriften). Toen de kans zich voordeed, nam ze een sigarenzaak over in de chique Beethovenstraat, en daar zit ze nu op rozen.

Haar opvolger was een Libanees die Yasser heet, de vriendelijkheid zelve, maar verstand van sigaretten bleek hij al onmiddellijk niet te hebben. Het in voorraad hebben van niet al te courante merken kostte hem te veel geld, bijvoorbeeld, en binnen drie maanden (toen alle vreemde merken weg waren) verkocht hij alleen nog maar Marlboro, eerst nog rood en light, later alleen nog rood.

Een dramatische strategie.

Maar Yasser was eraan verknocht, om de een of andere reden, en ook het snoepgoed, de kranten, de tijdschriften, de loten, de sigaren en de papieren zakdoekjes volgden deze weg, allemaal producten met minimale marges waar je veel van moet omzetten. Ervoor in de plaats kwamen oude meubels, spiegels van voor de oorlog waar het weer in zat, koelkasten met een geurtje: van die dingen waarbij de winstmarge tot ver boven de 100 procent kan oplopen.

Als het verkoopt.

En verkopen deed het dus niet, hoeveel gratis koffie Yasser ook begon te schenken en hoe vriendelijk hij ondanks alles ook bleef. Op andere vlakken zat het hem inmiddels ook tegen, en sinds enige tijd woont de dappere winkelier daarom in zijn winkel. Het assortiment heeft opnieuw een wending gemaakt: leek het er in eerste instantie op dat Yasser zich op grote stukken wilde concentreren, nu doet hij vooral in kleine prullaria, van pannenlappen tot zelfgekleide asbakken, en in boeken, diverse titels van Leon Uris en oude, beduimelde Rainbow-pockets.

Tsja.

De teloorgang heeft zich in amper een jaar voltrokken, maar nog is de vriendelijke Libanees niet uit zijn lijden verlost. Wie nu 's avonds laat langs de ooit fiere winkel van Marjolein Hartman loopt, ziet binnen een sombere man bij kaarslicht voor zich uit staren. Aan het raam hangt een grote poster: sinds kort kunnen jong en oud op zondag bij Surprise servies beschilderen.

Sacherijnig

Op straat werd ik aangesproken door een man. Hij droeg een bril en een milde glimlach, die zo te zien zijn gezicht nooit verliet. Ik stond met de hond voor de deur van een Surinaams eethuis te wachten op een broodje bakkeljauw. De hond mag er niet naar binnen, vandaar.

De man passeerde.

Pas toen hij al een paar stappen verder was, draaide hij zich ineens om en zei: 'Waarom kijkt u zo sacherijnig?'

Pardon?

De zon scheen recht in mijn ogen. Misschien had ik daar last van. Waar stond ik aan te denken? Eigenlijk nergens aan, of wellicht aan de eenvoudige geneugte van een broodje bakkeljauw. 'Kijk ik sacherijnig?' vroeg ik dus terug.

'Ja,' zei de man, bijna op beschuldigende toon.

'Ik ben me van geen kwaad bewust,' zei ik.

'Of kijkt u altijd zo?'

Het kwam me ineens voor dat de man het goed met me meende. Het was geen idioot die ruzie zocht. Hij vroeg zich werkelijk af waarom ik keek zoals ik keek.

Ik probeerde een glimlach.

Het overtuigde de man niet.

'Ik bén helemaal niet sacherijnig, hoor,' zei ik concluderend, 'sorry.'

De man haalde zijn schouders op en liep verder. Op de hoek zag ik hem nog een keer over zijn schouder kijken. Ik voelde me er wat ongemakkelijk onder. Gelukkig kwam toen de jongen van het eethuis naar buiten met mijn broodje.

We liepen naar huis, hond en ik.

De vraag van de man zat nog steeds in mijn hoofd. Had ik sacherijnig gekeken, en zo ja, was er een reden toe? Dat laatste zeker niet. Het was een mooie dag, herfst in de lucht, kleurende bladeren aan de bomen, een frisse wind, lekker zonnetje, niets aan de hand. Kon ik dan misschien sacherijnig kijken zonder het te zijn?

Kennelijk.

Waar stond ik aan te denken toen ik op mijn broodje wachtte? Echt nergens aan. Ik had wat om me heen gekeken. Aan de overkant had vroeger een hengelsportzaak gezeten, die was nu weg. Verderop had zich een nieuwe, Turkse supermarkt gevestigd. Drie meiden die van school kwamen, fietsten voorbij. Ze kletsten om het hardst door elkaar heen. Ik dacht vaag even aan mijn eigen dochters, geen reden om sacherijnig te kijken. Toen was de man voorbijgekomen.

Slecht nieuws, bij nader inzien.

Ik bleef er maar over piekeren. Ondertussen at ik het broodje op. Het smaakte minder goed dan anders. Ook dat nog. De hond keek af en toe verwachtingsvol op. Ze wilde ook wat eten, maar ik gaf haar niets. Het zat haar trouwens niet lekker dat ik ergens over liep te tobben. Wat dat betreft is een hond de spiegel van de menselijke ziel.

We wandelden wat door de buurt. Hier en daar werd

verbouwd. Op het terras van het café zat een zwangere vrouw te bellen. Ze was al zo dik, dat ze wijdbeens moest zitten. De zon scheen op haar blonde haar. Als ze niet had zitten bellen, had ik haar gevraagd of zij ook vond dat ik sacherijnig keek. Ik moest me niet door één toevallige man uit het lood laten slaan.

Toen waren we thuis en zocht ik in het woordenboek op hoe je sacherijnig ook alweer schrijft. Buiten betrok de lucht, maar er was geen verband. En nog steeds piekerde ik voort.

Hangouderen

Er is een schrijnend gebrek aan hangplekken voor ouderen in ons land. Tussen de zeventig- en negentigduizend meest mannelijke senioren van ouderwets Hollandse komaf willen elke dag lekker rondhangen bij een bouwput, met daarin een puffende heimachine. Rond zo'n put zijn echter niet voldoende voorzieningen om veilig en gezond te kunnen hangen. Een ander probleem is dat er steeds minder muurtjes zijn waarop een oude man lekker kan zitten. De muurtjes van tegenwoordig hebben of een scheef aflopende bovenkant, of ze zijn voorzien van in beton gestoken glasscherven.

Daarnaast is het aantal beschikbare banken in de openbare ruimte op zijn retour; steeds vaker komt het voor dat er jongelui op zo'n bank zitten of een dakloze er ligt te slapen. Ook dit werkt het tekort aan hangplekken sterk in de hand – met alle gevolgen van dien, want nu zit de oudere hangman maar binnen, waar hij moeder de vrouw lastigvalt, of dom en ellendig de hele dag naar verkeerde televisieprogramma's kijkt.

Ik weet waarover ik het heb.

Zelf houd ik namelijk ook erg van hangen, al ben ik nog

niet oud genoeg om als senior mee te tellen in het onderzoek dat de krant citeert. Mijn buurman daarentegen is bijna negentig, en als ik met hem op stap ga om ergens te gaan hangen en we tellen onze leeftijden bij elkaar op en delen het resultaat vervolgens weer door twee, ja, dan wordt hij ineens een stuk jonger, en ik een krasse senior, die ook recht heeft op een fatsoenlijke plek in de openluchtsociëteit die onze samenleving is.

Buurman en ik hangen graag bij de papierbakken drie straten verderop. De enige voorziening die de gemeente Amsterdam voor ons heeft getroffen, is een boom, en omdat buurman de oudste is, mag hij ertegenaan leunen. Ik ga gewoon met mijn handen in mijn zakken naast hem staan en dan zijn we dus bezig met hangen. Je zou het niet zeggen, maar zo eenvoudig is het.

Er gebeurt ontzettend veel bij een paar van die papierbakken; het is er werkelijk een komen en gaan van mensen die van hun oude kranten af willen. Je hoort wel eens dat het slecht gaat in het krantenvak, maar als je ziet wat de mensen in de papierbak doen, nou, dan weet je wel beter.

Terwijl we dat alles zo gadeslaan, bespreken buurman en ik het leven, want dat is wat mannen doen op een hangplek, ze praten over het leven, meer in het bijzonder over het weer, de stijgende kosten van het levensonderhoud, het dreigende rookverbod, nog een keer het weer, Ajax, de euro en de almaar assertiever wordende moderne vrouw. Dat laatste thema is het stokpaardje van buurman; hij komt iedere dag wel een dame tegen die hem een grote mond geeft. Zelf heb ik daar geen last van, maar omdat het hem zo hoog zit, laat ik hem altijd maar even goed stoom afblazen.

Enfin.

Als we een uur wat gehangen hebben, komt het einde in zicht. Buurman begint dan moe te worden en van elders zijn andere oude mannen gekomen die graag van onze boom gebruik willen maken. Ja, in de openbare ruimte is het een kwestie van geven en nemen, inschikken en compromissen sluiten. Dus daar gaan we weer, buurman en ik – hangouderen. We zijn ons er terdege van bewust dat we een almaar groter wordend maatschappelijk probleem vormen. Maar het is ook een fijn gevoel dat er aan ons wordt gedacht; dat onze mening wordt gepeild, dat van regeringswege wordt gezocht naar een plekje voor ons. Tegen de tijd dat we geen probleem meer zijn, zal overal wel een samenscholingsverbod gelden.

De bakfiets

Iedere dag fietst dezelfde vrouw door mijn straat. Sinds kort heeft ze een bakfiets, waarmee ze haar kroost naar school brengt. Het zijn twee van die jongetjes met identieke, blonde koppies. Hollandser kan het niet. Hetzelfde geldt voor die bakfiets: een typisch Hollandse vinding. Toch zag ik haar liever op haar gewone fiets. De jongste voorop, in een stoeltje aan het stuur, de oudste achterop in een zitje. Dat had iets intiems. Ze hoorden echt bij elkaar. Met z'n drietjes leken ze wel één lichaam. Het jongetje achterop knus tegen moeders rug, broertje voorop lekker tussen haar benen, want ze is lang en de fiets klein en het stuur smal, dus ze reed er een beetje wijdbeens op, het hoofd vaak vlak bij het koppie voor haar – kletsend in zijn oor. Maar nu heeft ze dus een bakfiets.

Ik weet het niet.

De bakfiets zou haar leven makkelijker moeten maken, en dat doet hij waarschijnlijk ook, maar toch ziet ze er zwoegend en tobbend uit, minder lichtvoetig, zal ik maar zeggen. Voor ze de bakfiets had, zal het moederschap ook zijn nare kanten hebben gehad, maar nu lijkt het wel alsof de bakfiets de last die ze torst uitvergroot tot theatrale proporties. Ze is zo verdomde aanwezig.

Gek eigenlijk.

Tegelijkertijd is er ineens ook een zekere afstand, maar die speelt zich af in haar eigen sfeer en kan gezichtsbedrog zijn. De blonde koppies in de bak zijn ver van haar weg. Het is alsof er een navelstreng is doorgesneden. Opvoeden is afscheid nemen, en dit is dus een van de vele keren dat het gebeurt. Iets anders, ook vreemd, is dat de kinderen zich dichter bij het verkeer lijken te bevinden dan zij. Ze zitten zo'n beetje op uitlaathoogte.

Op haar manier is de moeder die mij passeert in haar nopjes met het nieuwe voertuig, vermoed ik. Ze heeft de bakfiets bijvoorbeeld goed onder controle. Ze kan hem met één hand prima besturen en met de andere een paraplu vasthouden of telefoneren. Dat is winst, want ze heeft een druk leven en dat moet worden onderhouden.

Ze heeft de wind er altijd onder.

Soms straalt ze een zekere agressie uit: aan de kant, ik kom eraan, ik heb twee kinderen, tassen vol boodschappen, een drukke baan, daarom zit ik te bellen, eikel. Ik ben niet te benijden, maar ik hou me kranig, ik werk me rot. Maar die agressie, assertiviteit is een beter woord, heeft ook een kant van zelfbeklag. Waar ben ik in hemelsnaam aan begonnen? Nu zit ik op zo'n stomme bakfiets.

Stom of niet, de bakfiets is in ieder geval een heel zichtbaar vehikel. Andere, gewone fietsers, automobilisten, motorrijders, wandelaars: iedereen weet meteen wat eraan komt wanneer een bakfiets nadert: een jonge moeder met haar kinderen. Daar kun je beter voor aan de kant gaan, anders krijg je problemen. Als er in het park twee naast elkaar rijden, is het net alsof er een bulldozer op je afkomt. Op een fietspad is het niet te doen er eentje in te halen.

Er zijn natuurlijk ook wel jonge vaders die hun kinderen per bakfiets door de stad rijden, maar dat is anders, dat is leuk, gezellig, jongensachtig, papa laat zich van zijn speelse kant zien. Nee, de bakfiets is een echt vrouwending. Je zou zelfs kunnen zeggen dat hij het moderne moederschap glamour geeft.

Wandelen achter een kinderwagen is een timide, bijna devote activiteit. Joggen achter zo'n driewieler op grote rubberbanden straalt carrièrelust en gezondheid uit. Fietsen met een kind op een fiets in een stoeltje heeft iets kwetsbaars, fietsen met een kind op een zwalkend kinderfietsje naast je, met zo'n vlag aan de bagagedrager, is aandoenlijk, maar de bakfiets is pure powerplay. Het is een enorme buik op wielen.

Wasserette

De crisis grijpt om zich heen en dringt langzaam door in de poriën van het dagelijks leven. Zo is hier om de hoek onlangs een wasserette op de fles gegaan. Jammer voor de aardige vrouw die de zaak bestierde, jammer voor mij, want ik vind zo'n winkel met allemaal wasmachines, keurig in het gelid, altijd erg mooi.
Goed.
Het pand, een hoekpand, kwam vervolgens in de verhuur. Een oude buurtgenoot, type scharrelaar, wist te vertellen dat de eigenaar er maar liefst 3500 euro huur per maand voor wilde en dat er geen horeca in het pand mocht worden gevestigd. Vol spanning wachtte de buurt af: zou er eindelijk een bakker komen? En welke bakker kon zo'n huur ophoesten? Precies, er kwam geen bakker.
Op een dag begon in het pand een onduidelijke verbouwing. Het leek wel alsof er kant-en-klare panelen naar binnen werden gedragen, die alleen maar volgens een bepaalde plattegrond gemonteerd moesten worden. Verfje erover, en klaar was Kees. Wij als buurt waren nu een bruiningscentrum rijker. En je kon er ook je nagels laten doen, en zelfs zielenrust vinden.

Ik weet het nog goed: het centrum ging open op de dag dat Wouter Bos ineens Fortis overnam. Dat was toch wel de dag die, voor Nederland, het begin van de crisis inluidde. En in de voormalige wasserette zaten twee jonge personeelsleden, meisjes nog, achter hun balie te wachten op klandizie. Twee bloemstukken hielden hen gezelschap, en de meisjes straalden dat het een aard had. Elk moment kon die jongen van Krabbé tevoorschijn komen om ze met het behaalde succes te feliciteren. Zo'n sfeer hing er in de zaak.

We zijn nu vele weken verder.

De recessie die er eerst niet zou komen, is in volle gang. De krimpende groei die eerst nog kon worden opgevangen, is een voldongen feit. Was ze eerst nog ijzersterk, die Nederlandse economie, inmiddels is er 600 miljard in gepompt en komen er 200.000 werklozen bij. Bedrijven staan in de rij om arbeidstijdverkorting aan te vragen. Gek genoeg gaat de koopkracht erop vooruit, maar of de mensen hun geld ook zullen uitgeven is een tweede. Alleen al om het kapitalisme een hak te zetten, zou je je hand op de knip houden.

Aan de andere kant is er het bruiningsgebeuren bij mij om de hoek. Ik loop er met de hond tweemaal daags langs, nu al een week of drie, en ik heb nog nooit een tevreden klant naar buiten zien komen of een aarzelende buurtbewoner naar binnen zien gaan. De meisjes zitten nog steeds keurig achter hun balie; de een surft wat op internet, de ander bladert in een roddelblad. Met elkaar zijn ze uitgepraat. 's Ochtends zet de een koffie, 's middags zet de ander thee. Ze inspecteren met enige regelmaat hun apparatuur. Ze verschikken de handdoeken en stellen de beautyproducten ietsjes anders op in het grote rek. De bloemstukken op de balie beginnen te verpieteren. De mensen die buiten voorbijkomen, kijken nieuwsgierig naar binnen. Ze zouden allemaal best een kleurtje kunnen gebruiken.

Maar ja, het zijn barre tijden.

Ik ben zelf inmiddels voorzichtig op zoek naar een nieuwe wasserette om in mijn dagelijkse wandeling te betrekken. Niets is zo troostrijk als een wasserette in crisistijd. Weggedoken in hun jassen zitten de mensen op oude plastic stoelen te wachten tot hun wasje klaar is. Af en toe werpen ze een blik op hun ronddraaiende trommel. Straks is alles lekker schoon en gaat het opgevouwen mee naar huis in een grote boodschappentas. Straks, als het buiten droog is.

Kerstboom

Oud-West, Amsterdam. Kerstbomenhandel op een winderige brug; hekken om de bomen, een kleine, oude Kipcaravan voor de verkoper, een zwaargebouwde man in een winddicht oranje pak, een ijsmuts op met de kreet KOUD, HÈ?

Veel verkeer op de brug, maar weinig belangstelling voor de bomen. In de gracht onder de brug drijft een ijsschots voorbij met twee kleumende eenden aan boord.

Er stopt een witte, versleten BMW. Om het overige verkeer door te kunnen laten gaan, moet de auto ruimschoots de stoep op. Voetgangers kunnen er niet meer langs, de auto staat met de neus in de bomen. Er stapt een tengere neger uit met een grote Gucci-zonnebril op en een dun coltruitje aan.

'U komt een kerstboom kopen,' zegt de handelaar.

'Dat heb je goed gezien,' zegt de tengere neger, terwijl hij zich omdraait en 'Wilma!' naar de auto roept.

Wilma stapt nu ook uit, een forse blondine in een bontjas, al heel wat jaartjes ouder dan de neger. Zelfs aan haar voeten draagt ze bont.

'Wat heb je allemaal?' vraagt de neger aan de handelaar.

'Een gewoon groen boompje,' begint deze, en hij wijst naar een kleine kerstboom in een pot. 'Een blauwe spar natuurlijk, dat zijn die, en een Nordmann.'

Hij kijkt om zich heen.

'Dat zijn die hoge, met zo'n condoompje eromheen.' Hij wijst naar een partij bomen waar witte netten omheen zitten.

'Hoe hoog zijn die?' vraagt Wilma.

'Dat varieert,' zegt de handelaar, 'behoorlijk hoog. Hebt u kinderen?' Hij kijkt vanonder zijn muts eerst naar de neger en dan naar Wilma, alsof die volgorde de kans op nageslacht groter maakt.

'Hoezo?' vraagt Wilma achterdochtig.

'Nou, zo'n Nordmann heeft naalden die niet prikken,' zegt de handelaar, 'en hij valt gegarandeerd niet uit.'

'Ik zie dat er geen kluit aan zit,' zegt Wilma.

'Je moet er een kruis onder timmeren,' antwoordt de handelaar, 'of je neemt zo'n bak, die kan ik er gratis bij doen. Bij de Blokker kost-ie zeven euro.'

Wilma beent naar de Nordmannen. Ze heeft wel iets van een ijsbeer. De handelaar volgt.

'Kost zo'n boom tachtig euro?' Wilma kan haar ogen niet geloven, maar ze klinkt gretig.

De tengere neger heeft zijn blik laten vallen op een blauwe spar die ongeveer tot zijn middel komt. Hij pakt de boom voorzichtig aan de top beet en tilt hem met pot en al op. Vervolgens schudt hij hem heen en weer. 'Als je deze water geeft, valt-ie toch ook niet uit?' vraagt hij.

'De Nordmann is beter,' zegt de handelaar. 'Als je hem uit z'n jas hebt, kun je de takken zelf buigen. Net alsof het een kunstboom is.'

'We nemen deze,' zegt de neger, en hij loopt met de boom naar de BMW en zet hem op de achterbank. 'Hij past er precies in. Hoeveel kost-ie?' Hij heeft zijn geld al in zijn hand.

Wilma loopt zonder iets te zeggen naar de auto en stapt in. De neger pelt twee biljetten los, geeft ze aan de handelaar en stapt ook in. Een paar tellen later zijn ze vertrokken. Kort daarop begint het donker te worden en ontsteekt de handelaar zijn feestverlichting.

Nummer 68603650

Laatst werd ik op straat aangehouden door twee leuke agentes. Ze waren bezig met hondencontrole. Zo'n gevoel had ik al – mijn hond blafte vanaf het moment dat hij de dames in het vizier kreeg. Het is een eenkennig dier, moet u weten, en ze blaft naar alles wat een uniform draagt.
Goed.
Of ik twee zakjes bij me had om eventuele boodschappen van de hond op te ruimen, wilde de eerste agente weten. Er kwam een kekke vlecht onder haar hoedje vandaan. Ik had daar graag even aan getrokken, maar ja – daar was het moment niet naar. Gelukkig had ik twee zakjes bij me, eentje voor de drol op de heenweg, en de andere voor de drol op de terugweg. Ze wilde de zakjes zien, de agente, nog streng ook – heerlijk vind ik dat.
Ik haalde ze tevoorschijn.
'En draagt de hond ook een penning?' vroeg de ander. Zij had geen vlecht, maar wel een leuke wipneus. Veel ouder dan twintig kon ze niet zijn, puistjes onder een dikke laag pancake.
'Natuurlijk,' zei ik en ik hurkte al neer naast mijn viervoeter om de penning aan de halsband te tonen. Maar wat

bleek – de hond droeg een andere halsband dan normaal, en er zat geen penning aan. 'Nou ja,' zei ik, 'het is mijn hond en hij heeft een penning.' Ik ben zo'n burger die zich aan alle voorschriften houdt.

De dames noteerden toch mijn gegevens.

Twee weken later ontving ik een brief van de Dienst Belastingen Gemeente. Controle had uitgewezen dat zich op mijn adres en dus onder mijn hoede een hond zonder penning bevond. Bijgevoegd een acceptgirokaart en een hondenpenning, nummer 68603650.

Ik vervoegde me bij mevrouw Bril, want die gaat bij ons thuis over dit soort zaken. Zij wist te melden dat onze hond op haar naam staat, op ons adres, penningnummer: 62535992. Als ik dat gewoon tegen die twee agentes had gezegd, in plaats van me door een vlecht en een wipneus te laten afleiden, had de controle dat ook uitgewezen en hadden we nu niet met een virtuele hond gezeten.

Zo zei ze dat.

Virtuele hond.

Als gezegd, het is inmiddels een tijdje geleden en we hebben al diverse brieven naar de Dienst Belastingen gestuurd om de zaak recht te zetten, maar alles vergeefs. Heeft zo'n dienst je een keer op de korrel, dan blijf je tot in lengte van dagen verdacht. Dat vind ik ook helemaal niet erg trouwens, het levert altijd fijne correspondentie op.

Bewijs maar eens dat je geen hond hebt als je volgens de gemeentelijke administratie wél een hondenpenningnummer hebt. Je zou dan een ambtenaar thuis moeten uitnodigen. Maar ja, misschien heb je dan je geheime hond net op een geheime plek gestald.

Andere bijeffecten van een virtuele hond zijn dat ik nu twee honden uitlaat als ik op stap ga, dat de echte hond altijd met een collega kan spelen en dat ik zelf, als ik ver van huis ben en zonder gezelschap, toch een hond bij me heb – oké, hij is virtueel, meer dan een nummer is het niet, maar ook aan nummers kun je met gevoelens van warmte en tederheid denken, wat zeg ik: ook nummers troosten.

Wat dat betreft is een virtuele hond dé oplossing voor mensen met allergieproblemen, kleine behuizing of drollenvrees: ze kunnen een denkbeeldige hond nemen die administratief een rijk en volledig leven heeft, maar verder geen problemen veroorzaakt. Is dat nou schitterend of niet? Ik vind van wel. Ik heb alleen nog geen naam voor mijn nummer 68603650. Maar ach, het is wel een schatje.

Balletdanser

Mijn oude meneer is dood. Hij woonde in het verzorgingstehuis om de hoek. Zijn kamer op de begane grond lag precies op mijn route. Kwam ik uit de stad, te voet of per fiets, dan kwam ik, na de drukke Marnixstraat te zijn overgestoken, altijd precies bij zijn raam uit en dan zag ik hem zitten.

Altijd zat hij midden in zijn kamer, in een grote stoel, recht tegenover een oud televisietoestel. Vaak stond het ding aan, maar nooit keek mijn meneer ernaar. In plaats daarvan dommelde hij.

Het hoofd geknakt op de borst.

De bril van de neus gegleden.

Hij had nog een beetje haar.

Ik denk dat ik mijn oude meneer vijf jaar geleden voor het eerst zag zitten. Ik durfde geen halt te houden bij het raam om het interieur uitgebreid te inspecteren. Op de tafel bij het raam stond een blik Haagse hopjes. Soms lag er ook een rol King-pepermunt. In de vensterbank stond een kleine, gipsen buste van Mozart.

Vijf jaar is lang.

En iedere dag was hetzelfde voor mijn meneer. Hij zat

daar maar in die stoel, soms 's middags om vijf uur al in zijn badstoffen pyjama. Ik vroeg me af wie hem in bed zou stoppen (het bed stond achter in de kamer), en of het liefdevol zou gebeuren. Ik kwam ook wel eens 's avonds laat uit de stad en dan zat hij nog in zijn stoel, Barend en Van Dorp waren bezig. Mijn meneer sliep in zijn stoel.

Links en rechts van hem overleden mensen. De gordijnen van hun kamers waren dan dicht, en twee dagen later weer geopend. Schilders stonden dan de muren te witten voor de volgende bewoners. Ik vroeg me af of mijn meneer zich bewust was van dit soort ontwikkelingen. Benieuwd naar de buitenwereld was hij allang niet meer: nooit zag ik hem naar de bedrijvigheid in de Marnixstraat kijken. Hij was vergroeid met zijn stoel, en het dommelen.

Een soort voor-dood.

Een paar dagen geleden kwam ik terug van een boodschap in de stad en zag ik dat het was gebeurd. Twee mensen waren de spullen van mijn meneer aan het inpakken. Het waren kennissen van hem, zijn enige bezoek ook tijdens al die jaren. In de kamer stonden de verhuisdozen opgestapeld. Het raam stond open en ik sprak even met de kennissen – mijn meneer had Johan Gerrit Mittertreiner geheten, en van beroep was hij balletdanser geweest.

Dit brak bijna mijn hart.

Een balletdanser die zo aan zijn einde moest komen. Zou hij zich het podium, de geur van de coulissen, de opwinding en spanning in de kleedkamers nog hebben herinnerd? En dan die naam: Mittertreiner, de naam voor een romanpersonage van Joseph Roth. Mij werd verteld wanneer de crematie was, ik was van harte welkom. Maar ik durfde niet te gaan.

Wel vond ik in de krant een overlijdensadvertentie. De

naam van mijn meneer, en trots daaronder: balletdanser. Geboren in Weesp, in 1915. Al voor de Tweede Wereldoorlog moet mijn meneer op de planken hebben gestaan. Niet te bevatten, eigenlijk. Want het leven van een danser is per definitie kort. Dat is nu zo, en dat zal toen ook zo zijn geweest. Bij dertig houdt het op. Maar mijn meneer had toen nog vierenzestig jaar voor de boeg. De laatste jaren zullen het langst hebben geduurd.

Balletdanser (2)

Jarenlang zag ik mijn meneer, zoals ik hem altijd in gedachten noemde, wegkwijnen in zijn kamer van vier bij vier meter. Zijn hoofd hing geknakt op zijn borst; hij leek voor eeuwig te dommelen.

Na zijn overlijden ontving ik bericht van een ex-danser van het Nationaal Ballet. Hij vertelde dat hij in 1979 kennismaakte met mijn meneer, die door de dansers Jo werd genoemd. Meneer Jo, geboren in 1915, was toen al in de zestig en hij was verantwoordelijk voor de dagelijkse roosters van de repetities, hij zorgde ervoor dat de dansers op tijd waren, en als er buiten de stad werd gespeeld, zorgde hij ervoor dat iedereen op tijd in de bus zat en zijn zakje met séjourgeld kreeg.

Hij was bijzonder geliefd.

Hij ging altijd mee als er buiten de stad werd gespeeld en zat dan vóór in de bus, want hij wist de weg naar alle theaters, in alle uithoeken van het land. Af en toe stak hij bij repetities zijn neus om de hoek om te kijken, soms veroorloofde hij zich een kritische opmerking. Ondanks zijn gevorderde leeftijd speelde hij ook nog wel eens mee, in voorstellingen van Rudi van Dantzig en Toer van

Schaik, markante rollen waren dat.

John Wisman herinnert zich dat meneer Jo bij de oprichting van het Nationaal Ballet naar de eerste artistieke leider van het gezelschap, Sonia Gaskell, was gestapt met de vraag of ze werk voor hem had. Hij was te oud om nog te dansen, maar wilde desnoods wel de koffie rondbrengen. Daarop zei mevrouw Gaskell ja en zo kon meneer Jo bij zijn geliefde ballet blijven, als manusje-van-alles.

Een levenstaak.

Hij was onmisbaar voor de dansers. Ze konden altijd tegen hem aan klagen (want net als acteurs zijn dansers grote klagers), maar hij had altijd een antwoord voor ze waar ze iets aan hadden. John Wismans mooiste herinnering aan meneer Jo is dat hij altijd in de coulissen naar de voorstellingen zat te kijken, meestal met de brandweerman van dienst op een stoel naast hem. Hij genoot van de goede voorstellingen, hij prees 'zijn' dansers als een voorstelling eens wat minder soepel en vlot verliep. Na afloop hadden de dansers ongeveer drie kwartier de tijd om zich af te schminken, te douchen, om te kleden en nog iets te drinken in de artiestenfoyer – dan ging de bus weer naar Amsterdam.

'Nog vijf minuten!' schalde dan ineens de stem van meneer Jo. Jammer, het werd net gezellig.

Enfin.

Ergens in de jaren negentig moet aan dit leven een einde zijn gekomen. Meneer Jo was te oud geworden, en weer enkele jaren later kon hij niet meer voor zichzelf zorgen. Toen is hij in het verzorgingstehuis bij mij om de hoek terechtgekomen.

Iedere dag zag ik hem dommelen voor zijn grote, oude televisie, die soms wel en soms níet aanstond. Er waren dagen dat ik hem wel drie of vier keer passeerde. Ik had erg met hem te doen, maar bedenk nu dat hij al dommelend in die stoel misschien wel zijn rijke leven als danser en man achter de schermen van het ballet herbeleefde en herbeleefde. Misschien danste hij in zijn hoofd. Ik vind dat een mooie, troostrijke gedachte, wat zeg ik: een andere gedachte zit er niet op, deze gedachte wil ik denken.

Buurman

Het regende hard, maar toch herkende ik de slepende voetstappen buiten. De buurman op weg naar de afval- en papierbakken op de hoek. Iedere dag gaat hij daar minstens één keer naartoe.

Drukwerk van het stadsdeel en reclamefolders gaan, netjes gelezen en opgevouwen, in de bak voor het oud papier; de lege verpakking van een ons worst, wat appelschillen en een leeg potje Hak gaan in de afvalbak. Daarna sloft de buurman terug naar huis.

De buurman gaat verhuizen. Dat is jammer. Ik ben erg gehecht aan mijn buurman. Hij is een jaar of tachtig. Hij woont al veertig jaar in het huis naast het onze. Over een paar weken vertrekt hij naar een verzorgingstehuis een paar straten verderop. Als ik hem was, zou ik het niet doen, maar ik ben hem niet.

Toen wij een jaar of vijf geleden naast hem kwamen wonen, was de buurman – weduwnaar, en vader van een paar zonen – een gezellige knorrepot die vanaf zijn balkon de straat zorgvuldig in de gaten hield. De kinderen waren een beetje bang voor hem, maar dat hoort zo en hij vond het leuk. 's Zondags wandelde hij, keurig in pak, naar de kerk op de Keizersgracht, op andere dagen fietste hij rond in de buurt of maakte hij uitgebreid een praatje met de paar leeftijdgenoten die hij in de straat heeft.

Langzaam is de buurman minder kwiek geworden. De laatste maanden draagt hij aan een koord om zijn hals een rode button waarmee hij in geval van nood hulp kan inroepen. Ook los daarvan maakt hij een onzekere indruk.

Een paar dagen geleden, het was nog mooi weer, kwam ik hem tegen bij de supermarkt aan de overkant van de drukke straat die aan de westelijke kant ons buurtje begrenst. Hij leek wel verdwaald en keek verwilderd om zich heen. Toen ik naar hem zwaaide, herkende hij me niet. Maar toen ik hem een halfuur later in onze eigen straat aansprak, was er niets aan de hand.

'Weertje, hè,' zal ik hebben gezegd.

'Het valt niet tegen,' moet buurman ongeveer hebben geantwoord. Hij kan uiteraard ook iets anders hebben gezegd, maar iets zuinigs zal het zeker zijn geweest, want zo is de buurman. Schijnt de zon er uitbundig op los, dan mag het wel wat minder. Regent het pijpenstelen, ach, dan zal het zo wel ophouden.

Het liep tegen vijven en buurman maakte zijn voordeur open. De trap naar zijn verdieping (hij bewoont de bovenste twee etages van zijn pand en voert al veertig jaar een stille oorlog met de dame die onder hem woont) telt tweeëndertig treden, die hij alle tweeëndertig uit het hoofd kent. Een van zijn grootste angsten is dat hij er ooit nog vanaf zal vallen. Verder is hij bang voor dieven en insluipers. 's Avonds doet hij de deur niet open als er beneden iemand aanbelt.

'Nou, een borreltje dan maar,' zei ik.

'Een pikketanissie,' verbeterde de buurman met een twinkeling in zijn ogen achter de ronde brillenglazen. Hij is de enige die ik ooit dit woord heb horen gebruiken. En het past helemaal niet bij hem, want er is niets morsigs aan hem, laat staan dat hij cafés in de Jordaan frequenteert. Zijn hele leven heeft hij bij een bank gewerkt. Na het ene pikketanissie volgt altijd nog een tweede, en dat is het voor de buurman. Meer dan twee borreltjes drinkt hij niet. Daarna eten, nog even wat televisie en dan naar bed.

We wensten elkaar goedenavond, in de wetenschap dat we elkaar de volgende dag opnieuw zouden zien. Jammer genoeg zijn die dagen nu dus geteld.

Binnentuin

Vanuit het niets is ineens een heimachine in de binnentuin gearriveerd. Dat klinkt dreigender dan het is: het betreft een heel klein, lief heimachientje dat echte palen de grond in drijft, maar zonder regelmatig een rookwolkje af te geven. Dat is jammer. Verder maakt het apparaat wel weer een onmiskenbaar heimachinegeluid (een ratelende ketting, een dof, regelmatig vallend gewicht), en daar kan ik eigenlijk alleen maar blij mee zijn.

Wat gaat er komen?

Dat is natuurlijk de tweede vraag. Er staan in de binnentuin diverse schuren en loodsen, maar geen daarvan ziet eruit alsof hij onderheid is. Dat doet het ergste vrezen voor wat er nu gaande is. Gaat iemand een enorm tuinhuis bouwen? Is het ontworpen door Rem Koolhaas? Dat zul je net zien; dat ik een tuinhuis van Rem Koolhaas in mijn achtertuin krijg, of iets van Piet Hein Eek waar per ommegaande duizenden *vt Wonen*-lezers op afkomen.

Maar goed.

Het heimachientje bevindt zich net buiten mijn gezichtsveld. Ik moet met gevaar voor eigen leven over het balkon hangen om het te kunnen zien. Er horen twee mannen bij met wie niet valt te communiceren omdat ze enorme, arbovoorgeschreven oorwarmers dragen. Het kunnen ook Bulgaren zijn. Wat ik ook roep, hun blikken blijven op het dreunen van hun machine gefixeerd. Dat zie je bij grote heimachines trouwens ook altijd; iedereen in de buurt is volkomen in de ban van wat de machine doet.

De binnentuin heeft het deze winter moeilijk. Om voor mijn eigen deel te spreken: we hebben overal vetbollen en pindakettingen opgehangen om de vogels bij te voeren, maar ik zie er nooit eentje voorbijkomen. De luciferplant die voor mijn raam hing, is doodgevroren, en op het dak van de schuur ligt een dikke laag ijs. De knoppen van de rododendron zitten dik ingekapt, het is nog lang geen tijd voor hen.

's Ochtends als het nog donker is, probeer ik te horen of er vogels zijn die zich melden, maar het blijft angstvallig stil. Alleen de Philips-weklamp van de overburen produceert vogelgesnater.

Ik zou nieuwsgierig om het huizenblok heen moeten lopen om aan te bellen bij het pand waar het heimachientje doorheen is gekomen en te informeren wat nu precies de bedoeling is. Maar ik heb al lang geleden geleerd dat het in Amsterdam geen zin heeft je te verzetten tegen de vooruitgang. Al menige boom is uit de binnentuin gekapt omdat hij toevallig op het lapje grond van een buurman stond die er ineens genoeg van had. Wat nou, een tachtigjarige populier? Weg ermee! Dat zit maar vol koerende duiven die de boel onderschijten. Kappen die hap!

Wat je overhoudt, is je eigen lapje – pathetisch klein is het, maar we noemen het een tuin. Er staat een trompetboom in, precies in het midden. Hij is nu helemaal kaal gesnoeid, maar er komt een dag dat de takken gaan uitlopen en de bladeren ineens tevoorschijn komen; prachtige, grote bladeren zijn dat. Op het hoogtepunt van de zomer overkapt de boom zo'n beetje onze hele tuin.

Ik sta deze dagen soms minutenlang voor het raam naar buiten te kijken; overal dampende pijpen van verwarmingsketels, een prachtige reep staalblauwe hemel boven ons en voor mijn neus die kale, stompe takken van de trompetboom. Dan denk ik nergens aan, behalve aan mijn koude voeten en het moeilijk zichtbare heimachientje verderop. Wat een mooi, winters geluid is dat heien toch.

Hoekhuis

Op de hoek van de straat staat een huis leeg. Vorige week was het nog bewoond. De verhuizing van de bewoners hebben we gemist. Ze kunnen overal heen zijn: het buitenland, een Vinex-wijk, een iets groter huis een paar straten verderop.

Weg, dat zijn ze.

Maar het huis staat er nog, met de verhalen die erbij horen. Straks wonen er nieuwe mensen, en maken de verhalen plaats voor nieuwe verhalen – dan lossen de oude verhalen geruisloos op. Zo gaat het met mensen, zo gaat het ook met verhalen.

Het is een huis met veel ramen. Er woonde een jong stel; hij een rommelig type met een grote passie voor de scheepvaart. Het huis stond vol oude nautische instrumenten en aan de muren hingen zeegezichten, trossen, kabels, koperen lantarens. Iets klopte niet; waarom zo veel van die spullen? Alsof de man de jongenskamer uit zijn ouderlijk huis naar zijn eerste eigen woning had versleept.

Zijn vrouw was een rijzige blondine, maar niet erg opvallend. Het moederschap hakte erin, dat was goed zichtbaar. Ze had twee kleine kinderen. Dat was duidelijk zwaarder dan ze zich had gerealiseerd. Erg goed was het huwelijk bovendien niet, maar in het voorbijgaan was het moeilijk de vinger erop te leggen. Af en toe was een huiselijke twist hoorbaar. Soms zag je de echtelieden woest zwijgend naast elkaar op de bank zitten, de ruimte tussen hen in maximaal. Niets bijzonders eigenlijk, maar aangrijpend, omdat het zo zichtbaar was, vanwege die grote ramen.

Op een dag was hij weg.

In het holst van de nacht vertrokken: van de ene op de andere dag waren alle scheepsattributen uit het huis verdwenen. Ineens zag het er kaal en wat armzalig uit. Maar de vrouw, die er nog woonde, liet zich niet kennen. Bij mooi weer zat ze met vriendinnen op de stoep witte wijn te drinken, en ze ging steeds mooiere schoenen dragen. Keek ze aanvankelijk nogal timide de wereld in, nadat haar man en zijn schepen haar hadden verlaten, werd haar blik brutaler, gretig bijna. Alleen 's ochtends was het nog afzien: twee kleine kinderen die de deur uit moesten, geklungel met een bakfiets, rugzakjes, broodtrommels, jassen.

Enfin.

Er kwam een nanny, een dik, Pools meisje. Dit leverde kostelijke scènes op, want de Poolse kon niet fietsen en zonder bakfiets zijn twee kinderen een onhanteerbare opgave in Amsterdam. Dus er moest geoefend, en geoefend, en uiteindelijk had het kind het onder de knie. Met pijn in het hart, maar toch ook opgelucht, kon de moeder zich nu iedere ochtend uit de voeten maken. Iets later volgden dan haar kinderen met hun nanny, de kleintjes huilend in de bak van de fiets, het Poolse meisje dapper op de pedalen. Aan het einde van de straat gloorde schraal het ochtendlicht.

De moeder ging er intussen steeds beter uitzien. Ze verwisselde haar fiets voor een Ford Ka, en haar kleding werd steeds strakker – Claudia Sträter, dat werk. De vermoeide, wat gebogen tred van vroeger veranderde in een kek getrippel, af en toe hoorde je haar stem lachend door de straat schallen; dan telefoneerde ze met de nieuwe man in haar leven, of met haar vriendinnen om over hem te roddelen.

Nu is ze dus weg, met haar kinderen en de nanny. Het lege hoekhuis vertelt niet waarheen ze zijn gegaan. Het staat leeg te zijn, zoals huizen dat kunnen. Al met al heeft de hele kwestie maar een paar maanden geduurd, en toch is er een hoop veranderd.

Magie

Een paar keer per week kom ik langs dezelfde kapperszaak. De rest van de week kom ik ook voortdurend kappers tegen. Als je erop gaat letten, zitten ze overal. Het kan niet anders of het moet een goudmijn zijn, al dat knippen en wassen en watergolven.

De kapperszaak waar ik zo vaak langskom, is gevestigd in een onaanzienlijk pand in een vrij stille straat. Op de ruit staat met stevige letters KAPSALON.

Duidelijke taal.

Er hangt hier geen vitrage voor het raam. Dat is jammer. Veel kapperszaken, vooral die voor dames, hebben vitrage, meestal zwierig opgehangen. Wat mijn kapsalon wel heeft, is een vingerplant in de etalage. Hij staat precies in het midden, en zo hoort het.

Iedere keer als ik langskom, zie ik ook de kapper zelf. Hij is een wat oudere man, mager van gestalte en met grauw, bruin-grijs haar dat plat op zijn schedel ligt, met een scheiding in het midden. Hij draagt geen speciale kapperskleding, maar een donkerbruine broek waarvan het zitvlak glimt, en een overhemd met opgerolde mouwen.

Het kapsel maakt dat zijn gezicht er spookachtig uitziet. Hij staat altijd op dezelfde plaats, recht achter de kappersstoel, die lichtgroen van kleur is en voorzien van een metalen hoofdsteun. Een enkele keer zit er een klant in de stoel, maar lang niet altijd. Voor de positie van de kapper maakt dit niet uit.

Hij staat daar.

Het knappe is dat hij de indruk wekt volledig in actie te zijn. De seconde voordat ik hem zie, is hij nog bezig een borstel uit een lade te pakken, anderhalve tel later borstelt hij er een paar haren mee van de stoelleuning. De indruk is zo sterk, dat het nauwelijks opvalt dat hij deze borstel helemaal niet in zijn hand heeft.

Hij heeft zelfs niets in zijn handen.

Als er iemand in zijn stoel zit, en nu komt het, is dat steeds dezelfde man: een robuuste kerel met een rood aangelopen gezicht en nauwelijks haar op zijn hoofd. Hij zit er comfortabel bij. Zijn armen steken uit de zwarte doek die de kapper om hem heen heeft geslagen. Hij kijkt minzaam voor zich uit. Hij heeft zojuist gezegd wat hij wil dat de kapper gaat doen. Wat een bijna kale man zo vaak bij de kapper doet, is trouwens een raadsel.

Eén keer heb ik de kapper aangetroffen in een andere scène. Hij was toen net bezig met een oranje plastic gietertje de vingerplant in zijn vensterbank van water te voorzien. Buiten regende het op dat moment en binnen brandde tl-licht. De zaak lag erbij als een filmlocatie. Stoel, spiegel, de deur met het bordje PRIVÉ achter in de zaak, de drie keukenstoelen voor wachtenden, het tafeltje met de leesmap, de kapstok, alles was haarscherp te zien.

Het is altijd tussen kwart over negen en halftien dat ik de kapperszaak passeer. De ochtendspits is dan tot bedaren gekomen. Wie naar zijn werk moest, staat nu bij de koffieautomaat. Wie de kinderen naar school bracht, is thuis. De meeste winkels gaan pas over een halfuur open, het bijbehorende personeel is nog niet op pad. Dit maakt het tijdstip rond kwart over negen tot iets magisch in de Amsterdamse binnenstad.

Betrokkenheid

Er stak een flodderig stuk papier in de brievenbus. Het bleek een brief van het stadsdeel, in het holst van de nacht bezorgd.

In week 11 van dit jaar, volgende week dus, zal in het stadsdeel de grote schoonmaak plaatsvinden, meldt de brief, en de bedoeling is dat de inwoners hun betrokkenheid bij de buurt laten zien door hun eigen straat of pleintje schoon te maken.

Het staat er echt.

De bedoeling is niet dat mijn straat of pleintje schoon wordt, nee, de bedoeling is dat ik leunend op een bezem mijn betrokkenheid demonstreer, zeg maar op dezelfde manier als de mannen die bij het stadsdeel hun geld verdienen hun betrokkenheid tonen als ze met hun veegwagens door de buurt tuffen, ongeïnspireerd en liefdeloos.

Wat vragen wij?

Het stadsdeel vraagt van mij dat ik met minimaal vijf mensen in mijn straat of directe omgeving een ploeg vorm en dat ik die ploeg uiterlijk maandag 7 maart in de buurtpost kom inschrijven. Om aan te geven hoe dom en machteloos ik eigenlijk ben en hoe superieur het stadsdeel, staat 'uiterlijk maandag 7 maart' vet gedrukt.

Wat bieden wij?

Om te beginnen materialen, en aangekruist kan worden hoeveel ik en mijn ploeg nodig denken te hebben. We kunnen kiezen uit takkenbezems, scheppen (groot), harken, rolcontainers, blokbezems, scheppen (klein), schoffels, handschoenen, vuilniszakken, zwerfvuilknijpers en snoeischaren. Uit dit royale aanbod maak ik op dat het stadsdeel toch wel wat meer wil dan tevreden op hun bezems leunende, betrokkenheid uitstralende bewoners. Gewerkt moet er worden.

Het stadsdeel biedt nog meer. De Afdeling Reiniging zal namelijk worden ingezet om aan het einde van de actie het door de verschillende ploegen verzamelde vuil af te voeren. Ik geloof dat we daarmee in onze handjes mogen knijpen. Volgend jaar zullen we nog meer betrokkenheid moeten tonen door het zelf te doen, en niet met de auto, maar met de bakfiets, want onze betrokkenheid houdt natuurlijk niet op bij de buurtgrens, nee, we nemen ook het broeikaseffect erin mee. Tot slot is er een aandenken voor alle deelnemers.

Ach god, een speldje.

Betrokkenheid is een begrip dat deze dagen een hoge vlucht maakt. Het is niet bij de moord op Theo van Gogh begonnen, maar zijn dood heeft wel als een katalysator gewerkt. Sindsdien weten we dat Jan Peter Balkenende het hartverwarmend vindt, al die betrokkenheid, al die initiatieven, al die burgerzin. Het bevordert de maatschappelijke binding, en het is lekker goedkoop – al hoor je de regering dat laatste maar zelden zeggen.

Ik weet het niet.

Ik heb zo'n gevoel dat we toe gaan naar een heilstaat waarin de overheid alleen nog maar een facilitair bedrijf is dat websites ontwerpt, toolkits ter beschikking stelt en loketten bemant waar brave belastingbetalers die een speldje willen verdienen takkenbezems, rolcontainers, schoffels, vuilniszakken en zwerfvuilknijpers kunnen afhalen.

Het komt mij voor dat we ergens in dit traject besodemieterd worden, maar ik kan me vergissen. Al ben ik bang van niet. Vooralsnog zeg ik: betrokkenheid, *my ass* – laat het stadsdeel zelf maar eens goed vegen, geïnspireerd en liefdevol, misschien krijgen ze dan van míj een leuk speldje.

Parkiet

Het was zaterdagmiddag en om redenen die ik niet ken, had de zon behoefte zich met mijn beslommeringen te bemoeien. Toevallig zat ik buiten, op het terras van mijn stamcafé, dus we waren meteen dicht bij elkaar, die zon en ik. Aan het einde van de straat zag ik haar langzaam zakken.

Gek genoeg dacht ik aan schaatsen, meer in het bijzonder aan het Noorse schaatsen. Een verhaal in de krant had me getroffen. Maar mijn hoofd was niet bij de oertijd zoals in dat stuk beschreven, maar bij Stensen, Sjøbrend, Storholt en Stenshjemmet – de vier s'en die het Noorse schaatsen in de jaren zeventig domineerden.

Hun namen sprongen op alsof ik enorme herinneringen aan hen had, maar dat is niet zo. Hoe die jongens eruitzagen, hoe ze reden, hoe goed ze eigenlijk waren – geen idee. Alleen die namen waren er nog, zoals ook die van Valeri Kaplan, een Rus, en de naam van Per Willy Guttormsen, een Noorse stayer uit een eerder tijdperk die de flappen van zijn wollen muts altijd stoer omhoog vouwde, hoe koud het ook was. Per Willy was mijn absolute held; als ik het goed heb, reed hij zelfs in de bochten met de handen op de rug.

Ooit sprak ik Kees Verkerk, en ik kon niet nalaten naar Per Willy te informeren. 'Ooh,' zei Verkerk met zijn pretogen, 'die zat altijd achter de vrouwtjes aan. En nog. Hij heeft in heel Noorwegen kinderen, vrouwen en gezinnen.' Ik weet niet of me dit extra voor mijn oude held innam, maar vermoedelijk wel. Het paste in ieder geval bij die omhooggevouwen muts en die handen op de rug.

De zon maakte intussen geen haast, en het gevolg was dat er een zweem van voorjaar tussen de huizen kwam te hangen, een heel tere zweem, maar onmiskenbaar. Ik kon op mijn vingers natellen dat Gerrit Hiemstra er straks in het journaal korte metten mee zou maken, maar ik had geen zin mij op voorhand de illusie al te laten ontnemen en verplaatste mijn stoel, zodat ik nog wat extra stralen mee kon pikken.

Een groene parkiet vloog voorbij.

Ik bevond mij niet ver van het Vondelpark en daar wemelt het van de parkieten, groene halsbandparkieten met een rode snavel. Ik vind dat ze niet in het park thuishoren, maar ze wonen er nu eenmaal (ooit ontsnapte een stelletje uit de kooi van een bejaarde dame), en tegen een dakloze die zijn geluk op de stoep van de Lidl heeft gevonden, zeg je ook niet dat hij op moet krassen. Die man, die hoort daar, zoals de duiven op de Dam. Zo is mijn stad, hier kan alles.

De parkiet zeilde vrij hoog door de straat, boven de daken van de huizen, richting centrum, met de zon in de rug, en ik had stellig de indruk dat hij er door collega's als verkenner op uit was gestuurd om te onderzoeken of niet elders een vergelijkbare habitat als het park was te vinden. Af en toe week de vogel af van zijn rechte baan om even een rondje boven de binnentuinen achter de huizen te maken.

Toen was hij verdwenen.

Ik voelde hoe Hilbert van der Duim bezit van me nam – bijna logisch, na die parkiet. Van der Duim was toch met voorsprong de leukste en de meest tragische schaatser die ooit het ijs betrad. Na hem veranderde het schaatsen definitief van gedaante en werd het gladde topsport. Aan het einde van de straat knipoogde de zon nog een laatste keer en toen loste ze op in een rode gloed. Ik was gelukkig.

Chemokar

Tijdens het uitlaten van de hond kwam ik de chemokar tegen, het mobiele inzamelpunt voor klein chemisch afval dat zich op gezette tijden door mijn buurt beweegt. Al heel wat folders over ontvangen, maar nu stonden we dan eindelijk oog in oog.

De kar viel niet tegen.

Een splinternieuw Daihatsu-busje, frisblauw van kleur, met mooie belettering op de flanken en twee mannen in de kleine cockpit.

Knus, zou ik willen zeggen.

Ware het niet dat de mannen, forse exemplaren, gelaten voor zich uit staarden. Ooit als vuilnisman begonnen, en op het mobiele inzamelpunt dienden ze nu hun laatste jaren uit. Daar waren ze dan in de jaren zestig helemaal voor uit Turkije gekomen.

Tsja.

Terwijl ik me opmaakte om de bus nader te inspecteren, begon hij ineens geluid te maken: een keiharde mechanische stem riep de omwonenden op zich onmiddellijk met hun lege batterijen, verfresten en afgewerkte olie op straat te vervoegen, want daar bevond zich gedurende tien minuten de chemokar, klaar om het afval op te vangen. Na de oproep viel een kleine pauze en daarna werd hij in diverse vreemde talen herhaald.

Halverwege de straat ging een deur open. Een al wat oudere dame in een gele, verwassen duster deed enkele onzekere stappen op bruine pantoffels de buitenwereld in. Ze keek verwilderd om zich heen, en zag uiteindelijk het blauwe busje.

'Wat moeten jullie?' riep de vrouw.

De mannen haalden hun schouders op. Die hadden gezellig de radio aan.

Enigszins wankel zette de dame koers naar het busje, maar na een paar meter hield ze halt bij een kortgeleden geplant boompje. Van hogerhand wordt er alles aan gedaan om onze leefomgeving te verbeteren. Het boompje maakt daar deel van uit. De dame greep het vast.

In de cockpit van de Daihatsu keek een van de mannen op zijn horloge. De ander schudde het hoofd en bediende een knop op het dashboard. Weer schalde de oproep door de straat. Jammer toch dat niet overal de deuren open vlogen.

'Chemisch afval?' riep de vrouw aan het boompje toen het weer stil was in de straat. 'Waar?' Ze liet het boompje los en zette enkele stappen in de richting van het busje. Het leek erop dat ze zelf ook niet goed meer wist waarom ze haar huis had verlaten.

Hoe gelaten de mannen in het busje ook voor zich uit keken, zij hadden natuurlijk wel in de gaten dat er een drama onderweg was. Welke vorm het aan ging nemen, was onduidelijk, maar met het mobiel inzamelen van klein chemisch afval had het niets te maken. Dat stond vast.

Ze keken elkaar aan.

De chauffeur boog zich over het stuur en startte de motor. De bijrijder maakte zich klein om het zicht op de achteruitkijkspiegels te vergemakkelijken. De mannen waren goed op elkaar ingespeeld.

De vrouw naderde.

Het mobiele inzamelpunt voor klein chemisch afval reed vijftig meter achteruit, en draaide toen vooruit een zijstraat in. Het was uit het zicht verdwenen voor de vrouw op de hoek was. Ze was compleet de kluts kwijt.

Sloopwerk

Om de hoek is de firma Beelen uit Nunspeet een enorm gebouw aan het slopen – het Swammerdam Instituut. De werkzaamheden worden uitgevoerd met een hydraulische kraan met een grote betonschaar aan het uiteinde van de bewegende arm. Verdieping voor verdieping, raam voor raam, betonlaag voor betonlaag – de schaar trekt het hele gebouw uit elkaar.

Mooi werk.

Er komen veel mensen kijken, vooral oudere mannen. Ze leunen op hun fiets of hangen over hun rollator en kijken met een mengeling van weemoed en ontzag naar de werkzaamheden. Hoe meer machines eraan te pas komen, hoe beter.

De weemoed van de mannen heeft betrekking op de tijd dat ze zelf nog werkten, en ongetwijfeld staan er ook mannen te kijken die altijd betreurd hebben dat ze hun dagen op een kantoor hebben gesleten. Wat heeft hen er ook alweer van weerhouden de bouw in te gaan, vertegenwoordiger of beroepsmilitair te worden? Ze weten het nog precies, maar hebben de vraag zo vaak aan zich voorbij laten trekken dat het antwoord een vaag gemompel is geworden, geen excuus, maar ook geen verklaring. Achteraf praten heeft trouwens geen zin.

Het ontzag geldt de machines, het geweld, de krachten die nodig zijn om een gebouw te slopen, dan wel uit de grond te stampen. Iedereen weet dat er heel wat bij komt kijken, maar als je het dan voor je ogen ziet gebeuren, valt toch even je mond open. Er zijn mannen zo verslaafd aan die openvallende mond dat ze iedere dag naar de parkeerplaats aan de Kaagbaan van Schiphol gaan om er naar opstijgende vliegtuigen te kijken. Je kunt de mensen achter de raampjes de krant open zien slaan, zo vlakbij raast het vliegtuig voorbij.

De firma Beelen heeft de wind er goed onder, trouwens – de sloop van het gebouw gaat sneller dan ze het puin kunnen afvoeren. Om te voorkomen dat de halve buurt onder het stof komt, staan grote spuiten op het sloopwerk gericht: in mooie bogen spuiten die water tegen het gebouw, dat steeds meer van zijn binnenste prijsgeeft: gangen, kasten, dikke trossen kabels, scheefhangende luxaflex aan de ramen, toiletten, systeemplafonds. Alles stort neer als de grijpende schaar het vastpakt en loswrikt of er gewoon tegenaan slaat.

De mannen kijken.

Ze draaien hun sjekkies, ze mompelen hun opmerkingen, ze kijken om zich heen om te controleren wie er allemaal zijn en ze kijken naar de lucht om te weten hoe het weer zich houdt. Er is een grappenmaker bij die een paar keer iets probeert, maar als niemand echt lacht, zit er voor hem ook niets anders op dan naar het sloopwerk te kijken – wie weet stond hij hier veertig jaar geleden met zijn vader te kijken naar de bouw van het Swammerdam Instituut, dat nu tegen de vlakte gaat.

Er is nog iets met de sloop van gebouwen – je gaat je

verheugen op wat erna komt, op het nieuwe dat ineens onvermijdelijk lijkt. Jarenlang zag je hetzelfde gebouw, en straks is het weg en weer wat later begint ook de herinnering eraan al te vervagen en begint het heien in de nieuwe bouwput – weer komen de mannen dan kijken, met hun weemoed en ontzag.

Angst

De avond valt. Ik zit te wachten tot hij komt: de man die iedere avond door mijn buurt fietst en die ik niet vertrouw. Ik zit ermee dat ik hem niet vertrouw: waar is dat eigenlijk op gebaseerd?

Eerst de man.

Hij is een jaar of vijftig. Hij heeft een bruine, pokdalige kop, en wit haar dat slordig onder een donkerblauw petje vandaan komt. Ook verder is hij donkerblauw: een trainingsjack van Adidas. Hij heeft kleine, toegeknepen ogen. Misschien dat hij oorlogen heeft gezien op de Balkan.

Dan zijn gedrag.

Hij is altijd op de fiets, en hij rijdt altijd over de stoep, dicht langs de huizen. Hij heeft om de haverklap een ander rijwiel, maar nooit is het een exemplaar dat naadloos bij hem past; de ene keer is het een oude damesfiets, de volgende keer een gammele sportfiets met bruine tassen. Soms heeft hij een fiets met een bel, dan hoor ik hem van verre tringelend aankomen. Daar is hij mee begonnen toen iemand bij het verlaten van zijn huis pardoes tegen hem aan botste.

Hij fietst erg langzaam.

Slingerend, wijdbeens.

Dat lage, bijna dreigende tempo geeft hem de gelegenheid de huizen die hij passeert goed in zich op te nemen – overal loert hij naar binnen. Auto's en fietsen hebben ook zijn belangstelling: vanonder zijn pet speurt hij voortdurend rond. Soms zie ik hem voorbijkomen en loop ik even snel naar buiten. Van links naar rechts gaan zijn nek en zijn pet, terwijl hij in de verte verdwijnt; niets ontgaat hem, overal is hij op gespitst. Toch doet hij zijn best onopvallend te zijn, of laat ik het zo zeggen: hij heeft zichzelf zo vanzelfsprekend gemaakt, dat je hem nauwelijks meer ziet. En dat is de bedoeling.

Ik vertrouw hem niet.

Aan de lopende band verdwijnen er fietsen in de buurt. Af en toe worden er inbraken gemeld. De meeste diefstallen zijn 's nachts of in de vroege ochtend en ze lijken goed voorbereid. Een busje rijdt voor en mannen laden alle fietsen in die niet met kettingen aan bomen en rekken zijn vastgeklonken. Iemand moet voortdurend in de gaten houden hoe het met de fietsen in de straat staat, iemand moet het voorbereidende werk voor dat busje doen. Ik denk dat het mijn blauwe man is.

Ik ben wel eens achter hem aan gefietst, tot ver in een andere buurt. Hij wist dat ik hem volgde, maar hij trok zich er niets van aan. Hij kent zijn rechten, en wil het laten weten ook. Hij ging langzamer rijden, en nog nadrukkelijker om zich heen kijken, hij tartte me. Ik heb ook wel eens naast hem op een straathoek gestaan – in een onbekende taal siste hij me toen wat toe, waarna hij zijn trage, slingerende fietstocht over de stoepen hervatte, het hoofd tussen de schouders, de rug ingezakt, een man die niets heeft te verliezen.

De avond valt.

Ik zit al een tijdje op de bekende fietsbel te wachten, maar hij komt niet. Net als ik niet meer aan de man denk, schuift hij ineens door het beeld, een nare schim, het hoofd onder het petje mijn kant op gekeerd, om te checken of ik er ben, te kijken hoe mijn huis erbij staat. Ik weet dat ik niet mag denken dat hij kwaad in de zin heeft, maar toch weet ik het zeker – mijn hart slaat niet voor niets over.

Huntelaar

Om een uur of vier verschijnt het jongetje op straat. Hij is een jaar of zes, zeven. Zijn moeder heeft hem net van school gehaald. Thuis hebben ze thee gedronken, een boterham met pindakaas gegeten. Daarna is hij naar zijn kamer gehold om zijn voetbaltenue aan te trekken: witte korte broek, oranje shirt, oranje kousen, gympen.

En dan: de straat op.

Met zijn nieuwe bal.

Voetballen maar.

Telkens als hij de bal een mooie peer heeft verkocht, roept hij: 'Klaas-Jan Huntelaar zit in de selectie!' Als de bal de glasbak raakt, volgt er nog een kreet, harder: 'Huntelaar scoort!' Urenlang is het jongetje zo bezig, volkomen in de ban van de bal. Het fascinerende is dat hij alleen is – maar dat deert hem helemaal niet, en dat is eigenlijk wel logisch ook, want hij is samen met Klaas-Jan Huntelaar.

Soms ga ik er speciaal voor zitten om hem bezig te zien. Hij is eigenlijk nog te klein voor de bal, en veel controle heeft hij niet. Kracht ook nauwelijks, dus als hij de bal tegen een auto schiet, is er niets aan de hand. In die gevallen roept hij trouwens de naam van zijn held niet aan, wat ik aandoenlijk vind, en beschaafd als Klaas-Jan Huntelaar zelf. Vaak dribbelt hij over de stoep, de bal onzeker aan de voet; eigenlijk springt hij alle kanten op, die bal, maar dat deert het jongetje niet – hij heeft zich heilig voorgenomen net zo goed te worden als Klaas-Jan en kennelijk weet hij dat het een lange, eenzame weg is.

Gisteren kwam de bal onder een auto terecht. Hij zat klem. Het jongetje wist daar niet goed raad mee. Minutenlang lag hij op zijn knieën op de stoep naar de klem zittende bal te staren en uiteindelijk schoof hij op zijn buik een stukje onder de auto. Maar iets boezemde hem daar angst in, misschien de duisternis, misschien een kat verstopt achter een wiel, en schielijk schoof hij weer achteruit. Bedremmeld kroop hij overeind. 'Mijn bal,' mompelde hij hulpeloos. Voor zover Huntelaar al een beetje in hem was gevaren, was de held nu nergens meer te bekennen.

Ik pakte een bezem en duwde de bal onder de auto vandaan. Eitje natuurlijk, maar voor de jonge Huntelaar (in tegenstelling tot de echte Klaas-Jan is hij niet blond, maar donker, een beetje Indisch zelfs) een wonder van enorme omvang. 'Dank u,' stamelde hij, en hij leek zelf te schrikken van zijn woorden (want hij is erg verlegen) en holde daarna onmiddellijk weg, de bal onder zijn arm.

Een tijdje later was hij terug.

Even thuis geweest, denk ik, om het autovuil van de bal te poetsen. De knikker glinsterde in ieder geval weer prachtig. Alles ging zich nu herhalen; de schoten op de glasbak, de dribbels over de stoep, de mislukte hakjes waarbij het gevaar om te vallen erg groot is, de zachte afzwaaiers tegen geparkeerde fietsen en auto's. Dit alles geregeld onderbroken door de kreten 'Klaas-Jan Huntelaar scoort!' en 'Doelpunt van Huntelaar!'

Het is mooi om mee te maken, en het kost nauwelijks moeite de jonge voetballer in zijn droom te volgen – Huntelaar en het winnende doelpunt in de laatste minuut van de wk-finale, zo klaar als een klontje, anders kan het niet aflopen straks in Duitsland.

Het was ook verder een mooie middag, gisteren, en het enige wat er eigenlijk aan ontbrak, was de geur van versgemaaid gras en een buurvrouw die op een stoel voor de deur haar benen epileerde.

Raadsel

Er gebeurt iets bij de buren. Altijd gevaarlijk. Voor je het weet, verhuizen ze en krijg je er griezels voor terug die om te beginnen hun pas verworven pand maar eens volgens de regels van Bouw- en Woningtoezicht gaan onderheien. Nog erger is dat jij dan ook moet onderheien. Het kan ook eenvoudiger: je krijgt voor je aardige buren vervelende buren terug.

Dit is iets anders.

Het begon op een ochtend, een maand of wat geleden. Ik hoorde vanuit bed een zacht getok, alsof iemand met een hamer steen voor steen een muurtje aan het slechten was. Het was geen hinderlijk geluid, maar het duidde erop dat er iets ging gebeuren bij de buren, sterker nog: dat iets was al begonnen.

Maar waar ging het toe leiden?

Al maanden is de oude heer die de bovenste verdiepingen bewoonde, vertrokken naar een verzorgingstehuis, waar hij nu zit te mokken. Alleen een dame met lang rood haar woont nog in het huis, een koppige huurder die naar verluidt al twintig jaar weigert het pand te verlaten. Het staat in zijn geheel te koop.

Na een week of wat waren we gewend aan het kloppende, regelmatige geluid naast ons. Het moest een man met een onverstoorbaar karakter zijn die het werk verrichtte. Op een avond zag ik hem de deur afsluiten. Het was een kleine, al wat oudere man met verward haar. Hij leek op een trol en hij keek om zich heen alsof hij iets deed wat niet deugde. Daarna haastte hij zich weg, gebogen als had hij een bochel, een plastic zakje in de hand.

Goed.

Nu we wisten wie er naast ons bezig was, veranderde de zaak een beetje. Zeker als je bedenkt dat de muur waar hij mee bezig was, zich ter hoogte van het hoofdeinde van ons bed bevindt. We werden er een beetje stiller van, maar ongeveer op hetzelfde moment viel de man ook stil; kennelijk was de muur geslecht. Wat zou er met het puin gebeuren? Waar was hij überhaupt mee bezig?

Daar zijn we nog steeds niet achter. Wie een muur sloopt, komt met rommel te zitten, en die rommel moet weg. Maar er staat geen container voor de deur, en ik ben ook nog nooit 's nachts wakker geworden van bouwactiviteiten.

Er volgde een lange periode van stilte. Af en toe zag ik de buurvrouw voorbij schichten. Zij gaat bijna geheel schuil in lang rood haar en het schijnt dat ze in de branche der wonderlijke genezingen actief is. Niemand in de straat weet er het fijne van, noch heeft ooit iemand langer dan een paar minuten met haar gesproken. Kinderen vinden haar griezelig.

Vanochtend hoorde ik de kleine man weer bezig met zijn muur. Tok, tok, tok. Hij moet er zelf ook van genieten. Steen voor steen. Ik stel me zo voor dat hij ze op mooie stapels legt, zodat ze straks makkelijk weggedragen kunnen worden. Een paar keer hoorde ik hem ook timmeren; mooie, lange slagen van iemand die precies weet bij welke type spijker welk type kracht hoort. Dit waren ferme jongens die een dikke balk in werden gedreven. Ik luisterde vol bewondering. Misschien moest ik de buurvrouw toch eens vragen wat er nu gebeurde.

Later op de dag kwam de man tevoorschijn. Hij heeft werkelijk de uitstraling van iemand die uit een soort schemerende onderwereld komt, een voorgeborchte of een oude mijn, reeds lang gesloten. Alleen hij weet er de weg.

Gebogen verdween hij uit de straat. Het plastic zakje van andere keren had hij niet bij zich.

Toerisme

Het was Bevrijdingsdag en de lucht was grijs. Er viel een miezerige regen. De bomen zagen er ineens stukken groener uit. Er stond geen zucht wind. De rood-wit-blauwe vlaggen hingen roerloos langs de Amsterdamse grachten.

Op de Elandsgracht zaten twee toeristen op het kleine terras van snackbar Stoot Je Hoofd Niet. Dat lijkt misschien een vreemde naam voor een patatzaak, maar is het niet. De deur ligt een halve meter lager dan de stoep.

De toeristen, het waren jongens, zaten diep weggedoken in kleurige regenkleding. De een was verdiept in een plattegrond van de stad, lekker rommelig opengevouwen, de ander rookte een pijp, wat er ouderwets uitzag, ondanks de hypermoderne vormgeving van het apparaat. Het leek nog het meest op een Bluetooth-headset die je achter je oor klemt om draadloos te kunnen telefoneren. Onder de tafel stond de bagage.

Ik dacht aan alle keren dat ik zelf toerist was geweest in een vreemde stad, Parijs vooral. Geen cent op zak, maar toch over Saint-Germain willen zwieren. Een stokbrood bij de bakker, een stuk paté bij een slager, een fles goedkope wijn, een hotelkamer met uitzicht op een blinde muur en de prachtige zinken daken van Parijs – en maar bladeren in de *Pariscope* en turen op de kaart hoe je waar kon komen, om uiteindelijk met zere voeten op pad te gaan, weer een veel te lange dag vol bezienswaardigheden tegemoet.

Nooit van genoten.

De toeristen op de Elandsgracht zagen er wel veel rustiger uit dan ik zelf als toerist ooit ben geweest. Dat kwam vooral door die pijp, denk ik, maar misschien ook wel door de vanzelfsprekendheid waarmee ze de miezerige regen trotseerden, nou ja – ze zaten er gewoon middenin en hadden zelfs geen moeite met de natte patat die op tafel stond: af en toe staken ze een friet in hun mond. Op zo'n moment voel ik iets van jaloezie: zo simpel kan het leven dus zijn.

Iets verderop, op de hoek van de Elandsgracht en de Prinsengracht, werd ik aangesproken door een kortgebroekte Amerikaan van middelbare leeftijd. Of ik wist waar het Anne Frank Huis was. Hij droeg een pet van een tractorfirma in Ohio.

Ik wees hem de Westertoren, die kant op.

Hij was in gezelschap van twee stevige dames die ook een korte broek droegen, met gympen en sokken. Gek genoeg hadden ze heel keurig opgemaakte gezichten, en mooi verzorgde, grijze kapsels. Ze stootten hem aan, en na een kleine glimlach bleek hij nog een vraag te hebben. Of ik wist waar de dichtstbijzijnde *liquor store* was.

Wat hij daar wilde kopen, vroeg ik – overrompeld, of misschien omdat ik dacht dat hij een Delfts blauwe kruik vol boerenjongens zocht om in Ohio goede sier mee te maken.

'*A bottle of vodka*,' antwoordden de dames in koor.

Ineens begreep ik het. Die hadden het koud op hun hotelkamer. En de minibar was te duur, en de flesjes waren te klein. Een tweede man voegde zich bij het gezelschap – ook een man met een pet uit Ohio. Hij had twee zakken chips bij Albert Heijn gekocht. Ik wees naar de slijterij aan de overkant. In ganzenmars gingen de toeristen eropaf. Ze gingen een dolle avond tegemoet, maar eerst nog even in de rij voor het korte leven van Anne Frank.

Wrak

De bel gaat en ik doe open. Twee mannen in uniform stappen de gang binnen. Ze zijn van de gemeente, of van het stadsdeel. Hun jassen kraken. Ze kijken nors en verlegen.

'Heren,' begin ik.

'Heeft u gebeld?' vraagt een van de twee.

'Nee. Waarover?'

'Over een fiets.'

'Nee. Ik heb niet gebeld.'

Ze kijken elkaar aan. Wat nu?

'Misschien heeft iemand anders gebeld,' probeer ik behulpzaam. Zo iemand ben ik wel. De overheid een handje helpen doe ik graag. 'Wat voor fiets?'

'Er staat hier een oude fiets in de straat. Iemand heeft gebeld om te vragen of we hem komen ophalen.'

'Aha.' Die fiets ken ik.

Hij staat al maanden schuin aan de overkant met een dikke ketting aan een boompje geklonken. Er mankeert niets aan. Een blauwe fiets. Oké, hij is oud. En de voorband is lek. Maar een wrak, nee. Ik zou het geen wrak noemen. Maar er zit wel sinds enige tijd een knalgele sticker op de stang: 'Dit WRAK is gesignaleerd door de milieupolitie. Verwijdering vindt plaats na –' Geen datum ingevuld.

'Aan de overkant staat een wrak,' ga ik door, 'maar het is geen wrak. Er zit wel een sticker op.'

'Dan is het een wrak, meneer.'

'Vind ik niet,' zeg ik.

'Iemand heeft de milieupolitie gebeld, meneer, en die fiets aangegeven als wrak. De politie is komen kijken en heeft de fiets aangemerkt als wrak. Wij zoeken nou degene die heeft opgebeld, dan kunnen we het wrak verwijderen.'

'Ik heb niet gebeld.'

'Maar wie dan wel?'

Daar kan ik de mannen niet mee helpen. Maar ze maken ook geen aanstalten het pand te verlaten. Ze staan daar maar, op mijn deurmat. Alsof het hele welslagen van hun onderneming van mij afhangt en het mislukken ervan mij persoonlijk aangerekend kan gaan worden. Ergens in het machtige raderwerk dat ons bestuurt, ben ik gekoppeld aan een fiets die een wrak is.

'Tsja, een buurman misschien,' opper ik. We hebben een bejaarde buurman in de straat die met een arendsoog het wel en wee in de openbare ruimte in de gaten houdt. Hem zie ik ertoe in staat een fiets die hem niet bevalt, bij de milieupolitie aan te geven.

Overigens: ik ken die milieupolitie. Het is een diender die met satanisch genoegen door de buurt rijdt om fietsen van stickers te voorzien en arme vrouwtjes met een keutelend hondje op de bon te slingeren. Ik heb hem ook wel eens vlak voor zonsopkomst in een vuilniszak zien graaien.

'Een buurman,' herhalen de mannen.

'Of een buurvrouw,' vul ik aan. We hebben ook een

krasse weduwe in de straat die, als ze haar plantjes op het balkon water geeft, haar ogen goed de kost geeft.

'Goed, oké,' zegt een van de mannen, 'dan gaan we maar weer. Als u niet gebeld heeft...'

'Nee, ik heb niet gebeld.'

De mannen openen de deur en stappen de straat op. Ze zijn met een grote vrachtwagen. In de laadbak staan allemaal fietswrakken. Op de stoep liggen een grote slijptol, handschoenen en oordoppen. Ze tillen die spullen in de wagen, klimmen in de cabine en rijden weg.

Het wrak waarvoor ze kwamen, staat nog steeds tegen het boompje. Ik zou het eigenlijk als onderduiker in huis moeten nemen, want de mannen komen beslist op een dag terug. Maar ja, het staat vast aan een dikke ketting.

Rolkoffer

Het is zaterdagavond en het Nederlands elftal oefent in de Kuip. In Rotterdam regent het, maar in Amsterdam is het droog. Ik kuier over straat, en zie hier en daar in de huizen televisies aanstaan. Sport verbroedert niet alleen, het maakt ook eenzaam.

Dan kom ik bij een hoekhuis.

Uit alle ramen valt een fel, flakkerend, groen licht. Dichterbij gekomen, zie ik een enorm plasmascherm in de woonkamer aan de muur hangen. Aan de eettafel zit een jong stel. Fles wijn in een koeler, schaal met zoutjes, glazen, een asbak met een brandende sigaret. Hij kijkt naar de wedstrijd en knipt ondertussen met een keukenschaar zijn nagels, zij kijkt naar een film op haar laptop. Ze zijn allebei zo groen als het gras in Rotterdam, en af en toe oranje, als onze jongens close in beeld zijn.

Ik vervolg mijn weg – het is onwerkelijk stil op straat. Behalve door het voetbal en het aanhoudende slechte weer komt dat door het lange weekend: veel mensen zijn een paar dagen weg. Zelf ga ik ook een paar dagen weg, maar daar denk ik niet aan, tot ik ineens achter me een rolkoffer hoor: van die kleine, harde wielen die over de stoep rollen en op de naad tussen twee tegels even een vermoeid huppeltje maken, een geluid uit duizenden. Ik vertraag om me te laten inhalen, want de koffer heeft haast.

Er horen zachte voetstappen bij.

Een minuut later is het zover: een man komt langszij. In een oogopslag stel ik vast dat hij geen bekende is in deze buurt, maar wel exact weet waarheen hij gaat. We knikken elkaar even kort toe, en dan is zijn koffer al naast me; geen grote koffer, maar het formaat dat in de luchtvaart telt als handbagage. Aan de manier waarop hij de koffer achter zich aan trekt, is te zien dat hij een ervaren reiziger is. Ik weet niet waarom, maar ik vind dat mooi om te zien: man en koffer zijn één, ze kennen de wereld en elkaar, en weten dat ze nu hun einddoel naderen.

Ik zie ze verdwijnen.

En sla een hoek om.

De straat waar ik nu ben, is donker, maar aan het einde gloort de lichtreclame van Leeuw Bier aan de gevel van een café. Als ik passeer, zie ik dat het nagenoeg leeg is: de barkeeper staat achter de bar glazen te poetsen, een klant hangt op een kruk, een halfvol glas bier voor zich, aan een tafeltje verderop zitten twee vrouwen, de hoofden dicht bij elkaar. Vaag klinkt muziek. Het is nog lang geen tijd voor de laatste ronde en er kan nog veel gebeuren vanavond, maar toch is het beeld volmaakt: alles wat hierna komt, zal er afbreuk aan doen.

Ik ga verder.

Mijn eigen straat is niet ver meer. Ik bedenk dat het einde van een wandeling altijd anders is dan het begin, ook al is het een rondje dat je loopt en ook al is het iedere avond hetzelfde rondje. Het geluid van de rolkoffer voegt zich bij de gedachte, en ineens heb ik haast. Ik ga zelf op reis en moet mijn spullen inpakken. Ik ben nog niet eens vertrokken, maar verheug me alweer op de thuiskomst.

Kraaien

De zon scheen, de lucht was betoverend blauw. De ochtendspits gedroeg zich timide. Het ging een mooie dag worden. In de gracht dreef een eenzame zwaan. Het was net acht uur geweest. Koekjesbrug, Amsterdam.

Vlak bij die brug ligt een groot verzorgingstehuis. Op het bankje bij de ingang zat een oude heer. Hij droeg een overhemd met korte mouwen. Zijn rollator stond verderop. In het mandje aan het stuur lag een strooien hoedje. Op een bankje aan de andere kant van de ingang zaten twee oude dames. Een van hen had een bos bloemen op schoot. Achter hen rolde een tram door de Marnixstraat.

Een vrouw met een bakfiets vol kinderen stak de drukke Nassaukade over. Ze kwam met moeite tegen de brug op, ze moest ervoor uit het zadel. Haar gezicht stond verbeten, de kinderen joelden. Een jongeman op een scooter haalde hen toeterend in. Zijn natte haar glinsterde, zijn donkerblauwe colbertje flapperde in de wind. Bij de Marnixstraat sloeg de bakfiets rechtsaf, de scooter linksaf.

Toen verschenen ineens twee kraaien in beeld. Ergens op de Nassaukade moesten ze uit een auto zijn gestapt: twee oude heren in zwarte pakken, met grijze handschoenen aan en plechtige, stijve hoeden op het hoofd. Over de pakken hing de glans van slijtage.

De mannen van de dood.

Ze kwamen met stramme, maar toch vrolijke passen op de Koekjesbrug af. Een van hen nam zijn hoed af, de andere hield hem op. Het waren mannen die gingen werken, ze hadden bijna iets jolig over zich. Ze liepen de brug op en hielden halt op het hoogste punt. Ze keken even naar het water en de eenzame zwaan, naar het terras van het verzorgingstehuis, waar twee verpleegsters aan de koffie zaten.

Ze lachten, de heren, maar toch staken ze dreigend af tegen de zomerse hemel en ze leken zich ineens ook ongemakkelijk te voelen in hun rol – uitgerekend op een mooie dag als vandaag moesten zij hun werk doen, en erg ver waren ze zelf trouwens ook niet meer verwijderd van hun einde. Het besef was ineens daar.

Ze vervolgden hun weg.

Maar er was iets veranderd. Ze waren nu in hun rol. De gezichten stonden plechtig en uitgestreken, de man die zijn hoed in de hand had gehouden, zette hem met een zwierig gebaar weer op. Ze liepen perfect met elkaar in de pas, het zouden broers kunnen zijn. Of had het beroep hen zo dicht bij elkaar gebracht? Ze leken wel één, en alle kraaien tegelijk.

Ze werden bekeken.

De oude man op het bankje naast de ingang had de kraaien over de brug zien komen. Een vreemd soort opwinding maakte zich van hem meester nu ze zijn kant op kwamen.

Hij kende ze, hij wist waar ze voor kwamen, ze brachten leven in de brouwerij. Ze hielden halt toen ze bij hem waren, gaven hem een hand, klopten hem op de schouder.

Ze lachten toen hij een grap maakte, ongetwijfeld in de trant van 'Jullie komen zeker voor mij, hè?' De dames verderop keken nadrukkelijk de andere kant op.

Na nog een paar woorden gingen de kraaien verder, het verzorgingstehuis in. In de deuropening namen ze gelijktijdig hun hoed af. Hier woont de dood, zeiden hun smalle ruggen, ook op zonnige dagen.

Postbode

Sinds enige tijd scharrelt een nieuwe postbode bij mij door de straat. Het is een Aziatische jongen met een grote koptelefoon op. Hij is volledig in zichzelf gekeerd.

Ook het post bestellen heeft hij niet onder de knie. Het is een groot raadsel voor hem. Regelmatig staat hij bij nummer 13 op de stoep met een envelop die voor nummer 146 is bedoeld. Dat het ene getal niet matcht met het andere getal gaat er niet in. Andersom komt ook voor. Het is een wonderlijk geval.

Ik heb wel eens geprobeerd hem aan te spreken. Met functionarissen moet je een goede verstandhouding hebben, dat is mijn standpunt. Je weet nooit wanneer je ze nodig hebt. Het kan zomaar oorlog zijn. Bovendien: die mensen kunnen wel een steuntje gebruiken, het geeft ze de moed door te gaan met hun werk – dat weliswaar nuttig is, maar slecht betaald.

Maar mijn postbode geeft absoluut geen sjoege. Hij kijkt naar de grond, hij luistert naar de geluiden in zijn koptelefoon, hij sjokt achter zijn kar. Alsof hij van een andere planeet komt, of uit een Koreaanse remake van een Tati-film.

De enige manier om hem tot stilstand te dwingen, is hem aan zijn jas te trekken, of de deur open te rukken als hij net aan de andere kant staat te klooien met zijn poststukken. Dat laatste heb ik een keer gedaan, om hem goedemorgen te wensen, maar hij schrok zo dat ik zelf ook schrok en de deur maar weer in het slot smeet. Wat er gebeurt als ik hem aan zijn jas trek, durf ik niet te bedenken. Het zou wel eens fataal kunnen aflopen. Of hij gaat huilen.

Sinds de nieuwe postbode krijg ik steeds minder post. Er passeren dagen dat er helemaal niets op de mat ligt, zelfs geen rekeningen, een unicum, nooit eerder meegemaakt. In het begin had het wel wat, zo'n lege kokosmat, maar inmiddels maak ik me zorgen.

Het kan natuurlijk zijn dat er even geen mensen en instanties zijn die contact met mij willen, maar dat lijkt me sterk. Misschien ben ik uit de gratie, dat denk ik ook wel eens, maar dat is helemaal de verkeerde weg. Alsof het mijn eigen schuld is dat ik geen post krijg. Dat lijkt me niet. Als de schuldvraag al opgeworpen moet worden, dan is het duidelijk dat het antwoord bij de verzenders ligt.

Of bij de postbode.

Aan die mogelijkheid durf ik eigenlijk niet te denken. Hij mag er wereldvreemd uitzien en zich opvallend gedragen, maar waarom zou hij mijn post achterhouden? En stel dat hij dat doet, wat gebeurt er dan verder mee? Neemt hij het mee naar huis om 's avonds te lezen? Die vraag brengt me onvermijdelijk bij de volgende: waar woont hij, de postbode, en met wie – of is hij alleen?

Dat laatste natuurlijk.

Alles aan de postbode straalt eenzaamheid uit. Een man die 's avonds met moeite een kant-en-klaarmaaltijd opwarmt. Nog steeds met die koptelefoon op. Wat zou er eigenlijk te horen zijn in die enorme witte plastic schelpen? Housemuziek? Cantates van Bach, een cursus management en leiding geven? In dat laatste geval droomt de postbode van een beter leven, iets waar ik een zwak voor heb. Maar al deze vragen brengen mijn post niet dichterbij.

Ook vanmiddag zweeg de brievenbus weer. Misschien is het maar beter om op vakantie te gaan en mezelf een kaart te sturen. Als die over een maand niet op de mat ligt, moet ik maatregelen nemen.

Lach

De gelegenheid deed zich voor om eens uitgebreid naar een feestje te luisteren dat zich een paar tuinen verderop achter een hoge schutting afspeelde: een man of veertig stond daar tot diep in de nacht te drinken en te praten. Muziek werd er niet gedraaid, wat een zegen mocht heten.

Na een tijdje begon het op te vallen dat het steeds dezelfde lach was die als een suikerspin boven het geroezemoes uitsteeg, een harde, schelle lach die toebehoorde aan een vrouw. Soms had ze hem niet goed onder controle en klonk hij hinnikend, op het hysterische af. Bij een cabaretvoorstelling zit er ook altijd één zo'n lacher in de zaal, daar deed de lach aanvankelijk aan denken.

Toch was deze anders.

Waar de vrouw zo om moest lachen was onduidelijk, en ze kreeg ook nooit luidruchtig gezelschap van andere lachers. Haar lach was de enige die zich nadrukkelijk onderscheidde, en naarmate de gezelligheid vorderde, werd het erger, tot de lach iets deerniswekkends had gekregen – eenzaam en bijna wanhopig echode hij tussen de huizen, het tegendeel van aanstekelijk.

Omdat het niet mogelijk was een blik op de feestelijkheden te werpen, zat er niets anders op dan een beeld bij de lachende vrouw te bedenken, en het enige aanknopingspunt was haar lach. Ze was zo te horen ergens achter in de dertig, en blond. Waaruit precies die haarkleur kon worden geconcludeerd, geen idee, maar ze moest gewoon blond zijn. Niet dom, dat niet. Misschien zelfs wel het tegenovergestelde.

Ze was in ieder geval een vrouw die liever met mannen praatte dan met andere vrouwen; haar lach ontstond altijd in een bedding van mannenstemmen en laag, rommelend mannengelach. Nooit volgden de heren haar in haar harde, hoge lach, maar ze leken er wel een genoegen in te scheppen hem te veroorzaken. Niet omdat het zo'n pretje was er van dichtbij naar te luisteren, maar omdat de vrouw nu eenmaal het type was waar mannen graag omheen draaien. Haar lach was hun beloning.

Er waren natuurlijk ook andere vrouwen op het feestje, en ook zij hadden plezier, maar minder uitbundig. Af en toe lachten ze in groepjes, en het klonk ontspannen, alsof er niets bewezen hoefde te worden. Als dan ineens de harde, schelle lach weer klonk, leek het feest even helemaal stil te vallen. Een zekere ergernis en jaloezie van de andere dames was voelbaar. De lachende vrouw was begeerlijk, en alleen, zonder een partner die zich voor haar geneerde. De gretigheid van de lach symboliseerde een andere gretigheid, de vrouw was een bedreiging, haar lach hield andere vrouwen op afstand.

Het feest naderde zijn einde, de gasten vertrokken. Er werden groeten gewisseld, deuren gingen open en dicht, het glasgerinkel nam in intensiteit af. Uiteindelijk waren er nog een paar mensen over, onder wie de vrouw met de lach. Er hoefde nu ook niet meer gestaan te worden, er werden stoelen uit het huis gehaald, nog een laatste fles wijn ging open en de stemmen roezelden zacht en vermoeid in het duister. Maar opeens was er toch weer iemand die iets grappigs zei, want daar was de lach weer, als een noodkreet knalde hij tussen de huizen omhoog.

Toen hij was verstomd, zei een minzame vrouwenstem, goed verstaanbaar: 'Schat, volgens mij moet je nou maar lekker naar huis gaan.'

Thuiskomst

De oude Volvo draaide aan het einde van de middag verwachtingsvol de stille straat in, maar er was geen plek om te parkeren. Er werd dus gewoon midden op de weg gestopt.

Moeder stapte uit.

Ze droeg een windjack, een veel te dunne, witte broek en natte espadrilles. 'We zijn er, jongens,' riep ze, terwijl ze kordaat de achterdeur opende en een klein jongetje aan zijn arm de auto uit trok. Aan de andere kant stapte vader uit, en ook hij opende een achterdeur om zich over een kind te ontfermen – nog een jongetje, maar kleiner dan het eerste.

Moeder was intussen met haar jongetje achter de auto langs naar het huis gelopen. Ze opende de voordeur, duwde het kind de gang in en liep toen terug naar de auto. Vader had de kofferbak opengedaan en tilde er een grote, blauwe koelbox uit.

Moeder nam het tweede jongetje op haar arm en liep naar het huis. 'Ik zet even theewater op, en dan kom ik,' riep ze over haar schouder.

Vader laadde uit, twee grote tassen die slordig waren

ingepakt en niet dichtgeritst – de kinderpyjama's staken eruit. Een zak barbecuehoutskool, een tas met golfstokken, een groot net vol ballen, kleurige emmertjes en schepjes, een plastic krat met etenswaren, een kinderfiets. Hij droeg een korte broek en bootschoenen, maar met sokken – blauw met een rood streepje – en een poloshirt, groen. Zijn haar stond woest op zijn hoofd.

Moeder kwam weer buiten.

Op hetzelfde moment reed een zilvergrijze Alfa Romeo de straat in. Uit de auto, alle raampjes stonden open, klonk hard een oudje van de Stones: 'Beast of Burden'. De auto stopte achter de Volvo en de muziek ging een tandje hoger. Aan het stuur zat een al wat oudere man met een kalend hoofd. Aan de achteruitkijkspiegel bungelde een speelgoedtijger.

'Eén minuut,' riep de vader van de Volvo. Zijn vrouw haastte zich met de koelbox en een van de weekendtassen het huis binnen, terwijl hij alle spullen snel van de straat op de stoep zette, de deuren van de auto dichtsloeg en instapte.

De Alfa toeterde.

'Ja! Hij gaat toch al weg,' riep de moeder, die weer uit het huis kwam, 'eikel!'

De Volvo reed weg.

De bestuurder van de Alfa deed ineens zijn muziek uit.

'Wat zei je?' riep hij naar de vrouw, die onderweg was naar haar spullen op de stoep.

'Ik zei: rustig aan, hij rijdt al,' zei de vrouw. Ze pakte een tas op en boog zich over het kratje met levensmiddelen.

'Kankerwijf,' zei de man in de Alfa. Zijn linkerhand trommelde ontspannen op het dak van zijn auto, aan de pink glinsterde een gouden ring.

De vrouw deinsde achteruit. In de verte zag ze haar

man de oude Volvo parkeren. In de deuropening achter haar verscheen de oudste van haar twee jongetjes. 'Mama, ik wil chips,' riep hij. Daarna viel zijn blik op de Alfa en de kalende man achter het stuur. 'Mam, kom,' zei hij toen ernstig.

De man in de Alfa lachte, een nare, schelle lach, zette de Stones weer aan en scheurde weg. Moeder en zoon bleven geschrokken achter – tot vader zich bij hen voegde, toen deden ze alsof er niets was gebeurd.

Ukelele

De ingang van de Edah-supermarkt bevindt zich aan een klein pleintje met een paar speeltoestellen, een voetbalkooi en wat bankjes. Boven de ingang hangen twee vlaggen, slap en nat. De lucht is grijs. Zojuist heeft het geregend, en straks gaat het opnieuw regenen. Toch leeft de zomer nog. De temperatuur is aangenaam. Een paar graden erbij en het is warm.

De ingang ligt verscholen tussen een schoolgebouw en een huizenblok. Een smalle tunnel voert naar de eigenlijke winkel, gevestigd in een loods die achter de huizen de binnentuin vult. In de tunnel hangen wat posters van producten die in de aanbieding zijn – mandarijnen, speklappen zonder zwoerd – en er staat een rij boodschappenwagentjes.

Het is stil op het pleintje.

Op een van de bankjes zit een oude man. Hij draagt een grijze broek, een donkerblauwe trui en oude, afgetrapte pantoffels aan zijn voeten. Hij rookt een sigaret en kijkt voor zich uit. Hij heeft een doorgroefd gezicht, een hoekig, groot hoofd, grijs haar. Met iedere trek die hij van de sigaret neemt, vallen zijn wangen in en stroomt de rook van de vorige trek uit zijn wijde neusgaten. Het ziet er ritmisch uit.

Dan: muziek.

Een groot woord, eigenlijk. Wat klinkt, zijn een paar trage, getokkelde noten. Ze komen uit de ingang van de supermarkt, en het is zo stil op het pleintje dat ze wel zichtbaar lijken, als muziek in een stripverhaal, een handjevol elegant dansende noten in een kleurig plaatje, en de toevallige passant op het pleintje houdt even halt om de verwondering de kans te geven wortel in hem te schieten. Schoonheid bestaat, en het hoeft niets voor te stellen.

In de ingang van de supermarkt zit een zwarte man gehurkt tegen de muur over een ukelele gebogen. Aan zijn voeten staan een bakje voor geld – leeg – en een halve liter bier van het huismerk. De man is gekleed in de gebruikelijke lompen waarin zwervers en daklozen zich vertonen. Hij heeft lange dreadlocks die als een gordijn voor zijn gezicht hangen. Zijn grote handen beroeren voorzichtig de snaren van de ukelele. Wat hij aan muziek voortbrengt, is extra fragiel omdat hij zelf zo groot is, maar hoe aarzelend en langzaam hij ook tokkelt, er klinkt toch een soort verrukking in door. Alsof hij het instrument nog niet zo lang kent en de mogelijkheden hem verrassen. Iets kinderlijks heeft het. Het kan ook zijn dat hij in trance is, of stoned.

In de diepte van de tunnel gaan nu de deuren van de winkel open, en een vrouw met een volle boodschappenwagen komt de kant van de muziek op. De wieltjes van de kar maken een knarsend geluid, en de neger plukt hard en slordig aan de snaren van de ukelele. Hij schudt met zijn hoofd om zijn dreadlocks te verplaatsen en kijkt met rode ogen naar de passerende vrouw, die een zwarte legging om haar aanzienlijke dijen en kuiten draagt. Ze versnelt haar pas als ze op dezelfde hoogte is als hij. Dan is ze buiten, en kort daarop ook de hoek om, met de kar.

De stilte keert terug op het pleintje. De oude man is uitgerookt en schiet de peuk tussen duim en wijsvinger in de voetbalkooi. Uit de ingang van de supermarkt klinkt nog steeds de minimale muziek van de ukelele. De zon breekt even door.

Airco

Nieuws ligt op straat, en om de hoek. Zo meldt *De Telegraaf* dat de terroristen die dood en verderf zaaien aan de Turkse kusten, in Amsterdam-West kantoor houden.
 Bij mij om de hoek!
 Ik erheen, met de hond, maar in de straat waar ik moest zijn, was niets te zien. Een saaie, armzalige straat, niet ver van het geboortehuis van Willem Frederik Hermans, wiens *Het behouden huis* ik voor de aardigheid maar weer eens heb gelezen. De novelle heeft zich ooit als vaste middelbareschoolkoek in mijn herinnering vastgezet en ik was benieuwd of het verhaal zich daarvan kon losmaken.
 Nou en of.
 Erg goed, dat *Behouden huis* – onheilszwanger, gewelddadig en op een gekke manier verstild, alsof het verhaal uit een serie *freeze frames* bestaat. Neem alleen de eerste zin: 'De grote tak, bijna de hele kruin lag ineens onder de boom, zonder dat ik gekraak hoorde. Het was overstemd door de knal uit een kortstondig struikgewas van aardklonten, niet ver bij de boom vandaan.' Je ziet die kruin liggen, en je kunt eindeloos fantaseren over wat nou precies een kortstondig struikgewas van aardklonten is.

Omdat het dus tegenviel in de straat van de Turkse terroristen, belandde ik in een koffiehuis, zo'n klassieke Amsterdamse uitspanning met bouwvakkers en een al wat oudere blondine achter de toonbank die tante Truus heette. De hond kreeg een schijf leverworst van haar en ik een kop slappe koffie. Zittend bij het raam nam ik opnieuw de krant van wakker Nederland door – andere lectuur had tante Truus niet voorradig, nou ja, een oud exemplaar van de *Aktueel*.

Nu viel het oog op een kleine advertentie in de rubriek Speurders: 'Huisvrouw van 38 wacht op seksminnaar! Airco aanwezig!' Het bijbehorende adres was een paar straten verderop. Ik had geen behoefte aan een 38-jarige huisvrouw op zoek naar een seksminnaar, maar haar airco fascineerde me onmiddellijk. Wat bedoelde ze ermee, om te beginnen? Dat het lekker koel was bij haar in huis? Dat het liefdesspel in haar armen zo heftig was, dat frisse lucht noodzakelijk werd? Wat voor airco was het? Zo'n portable geval dat je bij de Praxis koopt en waarvan de slang uit het raam hangt?

Vervolgens gingen mijn gedachten uit naar mijn eigen vrouw. Zij zou het beslist niet op prijs stellen als ik deze aircokwestie nader ging onderzoeken. Maar toch was ik nieuwsgierig, en omdat ik in het gezelschap was van de hond, voelde ik me redelijk beschermd. Dus ik belde het telefoonnummer uit de advertentie, op straat natuurlijk, niet in het koffiehuis, en kreeg een slaperig klinkende dame aan de lijn. Het was elf uur. Ik vroeg, op de man af, of zij de 38-jarige huisvrouw met airco was.

Was ze niet.

Maar ze runde wel een privéhuis waar maar liefst drie 38-jarige huisvrouwen bereid waren mij voor 60 euro een halfuur te verwennen, en voor 100 een heel uur. Twee van hen stelden zich ook anaal beschikbaar; dat kostte 75 euro extra, mits van tevoren gemeld, gezien de hygiëne. Ik informeerde nogmaals naar de airco.

'Die doet het, schat,' zuchtte ze, 'we zetten hem aan als jij het wilt.' Ik was duidelijk niet de eerste die belde, en vast en zeker ook niet de laatste die de verbinding weer verbrak. Via het geboortehuis van Willem Frederik Hermans liep ik terug naar huis, de hond kwispelend aan mijn zijde. Of het nou goed of slecht ging met de Nederlandse huisvrouw – dat was de vraag die ons bezighield.

Ongeluk

Om de hoek is vanochtend een meisje doodgereden. Misschien een jonge vrouw. Het is niet helemaal duidelijk. Wel staat vast dat ze door een cementwagen is doodgereden. Die sloeg rechtsaf, en het meisje fietste rechtdoor.

Rechtdoor heeft voorrang, zoals bekend, maar wij Amsterdammers prenten onze kinderen in dat ze van dat privilege geen gebruik moeten maken als een vrachtwagen naast hen rijdt. Dan wacht je maar even tot die weg is. Maar ze hebben haast, onze kinderen, en ze zijn eigenwijs, en ze hébben ook voorrang, dus daar gaan ze.

Terug naar vanochtend.

Een zwarte Mercedes en een cementwagen stonden voor het stoplicht te wachten. Het sprong op groen. De auto's begonnen te rijden. De cementwagen liet bewust weinig ruimte voor fietsers aan zijn rechterkant. Twee fietsers die zich geïntimideerd voelden door de wagen, stopten. Eén meisje reed door en kwam langszij bij de vrachtwagen, precies op het moment dat die rechtsaf begon te slaan. Ze raakte ten val en kwam onder de wielen terecht.

Een ooggetuige: 'Hij hobbelde er twee keer overheen,

de laatste keer over haar hoofd.' Een andere getuige: 'Heel veel mensen hebben het gezien. Iedereen schreeuwde en huilde.' De sigarenboer aan de overkant: 'Dertig jaar chauffeur, nooit iets gehad, net een nieuwe baan. Die man zijn leven is ook kapot. Die verdomde fietsers ook altijd met hun haast. Maar je zal straks maar dat telefoontje krijgen.'

Het ongeluk gebeurde aan het einde van de ochtendspits. De dag was aarzelend begonnen, een beetje grijs, maar nu beloofde het ineens schitterend zomerweer te worden. Het meisje was erop voorbereid; ze droeg een vrolijk jurkje, kralenkettingen en zwarte slippers met een klein hakje. Waar zou ze naar onderweg zijn geweest?

De hulptroepen waren snel ter plekke: de brandweer, de calamiteitenwagen, die de boel onmiddellijk met schermen afzette, de technische dienst, ambulances, tientallen politieagenten met kilometers rood-wit lint en fluitjes om het verkeer langs het ongeluk te leiden. De schrik en adrenaline van de eerste momenten maakten al snel plaats voor kwade berusting: het slachtoffer was overleden. 'Meer dan dood,' zoals een brandweerman grimmig zei. Hij veegde het zweet van zijn gezicht, het begon al warm te worden.

Intussen kwamen steeds meer mensen kijken, en de schok van de plotselinge dood werd vermengd met grappen, gelaten hoofdschudden en woede. Waarom werd er nu nooit eens iets gedaan aan dit verdomde kruispunt?

Op een terrasje verderop zaten mensen koffie te drinken, een bouwvakker voor de deur van een pand in de steigers ging poepen in een toiletcabine, een veegwagen arriveerde om bloed en sporen op te ruimen, de eerste agenten slenterden al terug naar hun politiepost, een paar straten verderop. Daar zat ook ongetwijfeld de chauffeur van de cementwagen, meegenomen voor verhoor.

Een uur later was van het ongeluk niets anders meer te zien dan een paar witte strepen op de weg die aangaven waar de wielen van de cementwagen hadden gestaan. De meisjes van het uitzendbureau waar het drama zich voor de deur had afgespeeld, zaten achter hun deskjes te bellen, op de tramhalte stonden mensen te wachten, over het zebrapad marcheerden jonge moeders achter kinderwagens, daklozen sjokten naar de Albert Heijn, fietsers passeerden, vrachtwagens sloegen weer rechtsaf; rechtdoor had nog altijd voorrang.

Het was, met andere woorden, alsof de dood niet had toegeslagen; alles was weer bij het oude, en de dag werd almaar warmer. Langs hoeveel van dit soort kruispunten komen we elke dag? Ze hebben allemaal hun dode meisjes.

Kassabon

Een kassabon is geen gedicht. Of toch wel? Voor de deur vind ik een verfrommelde bon van drogisterij/parfumerie Stoop in Zandvoort, telefoon 023-5712513.

De bon is verkleurd door de zon en er zitten een paar vlekken op, alsof er een glas wijn op heeft gestaan. Maar tekst en cijfers zijn nog goed leesbaar.

Op 17 mei 2007 kocht iemand om drie minuten over één bij Stoop een pot Murray's Hair Pommade, kosten 4,95 euro. Hij of zij werd geholpen door Cindy. De koper kreeg 20 procent korting, zijnde 99 cent. Het totaal dat moest worden afgerekend was 3,96 euro, inclusief 19 procent btw, 0,63 cent. Het bedrag van 3,96 werd met 1 cent naar beneden afgerond, tot 3,95.

De koper betaalde met een briefje van vijf, en kreeg als wisselgeld 1,05 euro. 'Bedankt voor uw bezoek,' besluit de bon met die wat onderdanige, maar ook weer superieure vriendelijkheid van de echte middenstander, 'ruilen kan, maar wel graag binnen veertien dagen, met bon.'

17 mei was Hemelvaartsdag. Was het een mooie dag? Ik geloof het wel. Iemand kocht in Zandvoort een blik Murray's-haarpommade, vet spul dat naar kokosnoot ruikt en

dat ik associeer met de jaren vijftig, rockabilly en – gek genoeg – gemberbolussen, een consumptie die destijds vooral door mannen werd genuttigd, omdat het de potentie zou bevorderen, althans: dat is mij wel eens verteld, of op de mouw gespeld. Wie was het die in Zandvoort haarpommade kocht? Ik denk niet dat ik er ooit achter kom, maar ik weet wel dat mijn vader in Zandvoort is geboren. Zijn vader was daar vanuit het Groningse Warffum naartoe gelopen omdat je er 's zomers goed kon verdienen als badmeester op het strand.

Ik bedoel maar.

Hoe lang ik ook naar de bon kijk, de pommadekoper komt niet dichterbij. Was het een Amsterdammer die een dagje naar zee ging, en wat bewoog hem, of haar, daar tot de aankoop van een pot pommade? Het kan een oudere heer zijn geweest, maar ook een jonge gozer. Het kan ook een vrouw zijn geweest. Ja, ik weet niet wat de mensen allemaal in hun haar smeren. Te oordelen aan het aanbod bij de Etos een heleboel. Toch stel ik me een klant voor die duidelijk wist wat hij wilde, iemand die veel zorg aan zijn uiterlijk besteedt. Murray's-haarpommade is immers een product dat je moet kennen. Het bestaat sinds 1926, maar het heeft zijn beste tijd gehad.

Dan Cindy.

Ik verbeeld me dat Cindy een jaar of achttien is. Ze werkt nog niet zo lang bij drogisterij Stoop (overigens gevestigd aan de Kerkstraat 31, wat doet vermoeden dat het een zaak is die van vader op zoon is gegaan, grote kans dus dat mijn grootvader ook ooit bij Stoop over de drempel is gestapt). Ze is blond natuurlijk, maar niet opvallend; een vriendelijk meisje – niets bijzonders, een nuchter meisje van de kust, met een mooie, dromerige naam en in het weekend plannen voor de avond.

Valt er verder nog iets over de kassabon te zeggen? Eigenlijk niet. Maar toch is het een papiertje waar ik nu al urenlang naar staar. Twee levens hebben elkaar gepasseerd, dat van Cindy en dat van de pommadekoper, en het bewijs ervan lag vanochtend zomaar bij mij op de stoep. Aangevoerd door de wind, of uit een hand gevallen die nonchalant een jaszak leegde. Het heeft geen zin er verder betekenis aan te hechten. Niets heeft zin, trouwens, een onuitstaanbare gedachte.

Hitte

Aan de overkant van het water ligt een groot bejaardentehuis. De zonneschermen zijn naar beneden. Vandaag is het zingen in de tuin. De oudjes zijn naar buiten gerold en zitten onder grote parasols. Het zijn vooral vrouwen, ze dragen vormeloze, gebloemde jurken.

Op tafel staat een man die 'De glimlach van een kind' zingt. Hij lijkt op Harry Slinger, maar dan zonder dat domme bootsmutsje. Hij heeft een grote microfoon in zijn hand. De geluidsinstallatie kraakt en bibbert.

Een oude dame danst met een broeder. Haar paarse jurk is op de rug zwart van het zweet, de broeder draait haar teder en langzaam rond. Hij maakt grappen naar de dames onder de parasols.

De meeste oudjes kijken gelaten voor zich uit. De radio heeft gezegd dat de temperaturen zullen dalen. In het water dobbert een dikke man op een waterfiets, over de kade snelt het verkeer. De lucht, die het grootste deel van de dag grijs was, wordt ineens helder en blauw.

Over de kade passeert een witte Renault Nevada. Er is iets mis mee, uit de uitlaat komen pruttelende, donkere wolken. In de auto zitten drie vrouwen in boerka's, of hoe heten die sluiers die het hele gezicht bedekken en alleen de ogen vrijlaten. Twee van de drie dragen grijze sluiers, de vrouw die stuurt draagt een donkerbruin habijt. Ze heeft haar stoel goed naar voren geschoven en zit kaarsrecht, de neus bijna tegen het raam, alleen zie je dus geen neus.

Wat je wel ziet, is een smalle, donkere reep. Daarachter fonkelen ogen. Vreemd genoeg doet die reep aan brievenbussen denken waarvoor je hurkt om erdoorheen te kunnen kijken. Voorzichtig til je de klep op, je kijkt een gang in. Aan de kapstok hangen wat jassen, verderop is een keukendeur die op een kier staat, bij de deur naar de woonkamer staat een klein tafeltje waarop wat post ligt.

De Nevada is voorbij. Aan de overkant zingt de man die op Harry Slinger lijkt 'Niemand laat zijn eigen kind alleen'. Het thema van de zangmiddag is kinderen, het zou zomaar kunnen. Omdat er even een pauze in het verkeer is gevallen, is Harry's stem goed te horen. Het is óf een goedwillende amateur, óf een cafézanger die nog niets heeft gedronken. Een paar oudjes laten zich door puffende zusters maar weer het tehuis in rijden.

De koelte die het KNMI heeft beloofd en die gedurende enkele uren ook in de lucht leek te hangen, heeft zich verstopt. Wat de reden is, geen idee – het is gewoon weer hartstikke heet. De zanger is klaar met zijn lied, alleen de dansende broeder klapt.

Het verkeer trekt aan, daar is ook de Renault Nevada weer. De vrouwen zijn nu met z'n vieren. De nieuweling is ook in het grijs, en onzichtbaar. De auto komt langzaam voorbij. Hij hoest ervan, de banden zijn week van de warmte. Uit de uitlaat komt een sliert inktzwarte rook. Je zou willen dat de dames pech kregen, maar ze halen het stoplicht en daarna zijn ze verdwenen. De diesellucht van hun auto blijft hangen.

De zanger op het terras aan de overkant zet 'Kinderen een kwartje in'. Na het eerste couplet houdt hij er abrupt mee op: het is een veel te vermoeiend liedje, of hij weet ineens niet meer hoe het gaat. Het kan ook zijn dat hij door de hitte is bevangen.

Ecotoilet

Van de ene op de andere dag stond er een mobiel toilet voor mijn deur. Een ecotoilet. Maar waar waren de bijbehorende bouwvakkers? Ik zag ze niet.

De eerste dag ging voorbij, de tweede en de derde – doodse stilte rond het schijthuis.

Toen arriveerde met veel kabaal een enorme vrachtwagen met oplegger in onze smalle straat. Het servies rammelde in de kast, gesprekken waren op slag onmogelijk. De chauffeur hees zich uit zijn cabine en liep trefzeker om de wagen heen naar het ecotoilet.

Die ging het er goed van nemen.

En inderdaad: zeker tien minuten stond zijn vrachtwagen te brullen in de straat. Uiteindelijk kwam de man tevreden van de pot en klom hij weer in zijn wagen. Het zal toch niet waar zijn dat er een netwerk bestaat waarin vrachtwagenchauffeurs vastleggen waar je gratis en makkelijk en zonder oponthoud kunt poepen?

Afwachten geblazen.

Nee, opbellen natuurlijk.

Terwijl de vrachtwagen de straat verliet, belde ik het telefoonnummer dat op het ecotoilet stond. Ik kreeg een juffrouw aan de lijn die uiteraard van niets wist. Of wilde ik liever plaskruizen? Nee nee, ik wilde weten waarom die schijtdoos voor mijn neus stond.

'Die heeft iemand gehuurd, meneer.'

Dat begreep ik.

'Wie?' vroeg ik voorzichtig. Het leek me een meisje met een kort lontje. Je mag de mensen niet over één kam en zelfs niet over twee kammen scheren, maar dit was een meisje uit Noord-Holland, tien tegen één. 'U kunt toch wel nakijken aan wie hij is verhuurd?'

'Eigenlijk niet,' klonk het. 'Als zo'n ding is verhuurd, zit er een vergunning op en hebben wij er niets meer mee te maken. Pas als er problemen zijn, komen wij in actie.'

'En dit is geen probleem?'

'Nee, want er zit een vergunning op. Meneer, er komt nog een lijntje binnen. U kunt gerust later terugbellen...' En daarmee verbrak zij de verbinding.

Ik ging naar buiten en inspecteerde het toilet. Erg smerig was het nog niet, maar dat zou zeker komen. Er zat geen slot op de deur – iedereen kon erop gaan zitten. De gedachte ging daarbij uit naar dronken studenten. Ik voorzag ook schade aan mijn auto, want zo'n poepdoos duw je met vier man makkelijk om, en wat is leuker dan een straat vol stront?

Er stopte een wit busje naast me. Het raampje stond open, heel alert. Het waren toezichthouders. Eentje herkende ik, want die had mij een keer voor mijn eigen deur op de bon geslingerd omdat ik geen poepzakje voor de hond bij me had. 'Meneer,' had ik gezegd, 'u ziet dat hij niet gaat schijten. Dat doen we straks pas, hè Toets, bij de zakjesautomaat.'

Daar had de toezichthouder niets mee te maken. Ik probeerde het nog met 50 euro. 'Daar schuif ik de drol op en dan lopen we naar de uitlaatstrook.' Daar had de toezichthouder ook al niets mee te maken. Er waren regels en er waren burgers die de regels moesten naleven. Die twee dingen moesten glashard op elkaar passen. Zo simpel was het.

Ik had mijn schouders opgehaald toen. Maar nu was het mijn beurt. 'Waar komt deze schijtdoos vandaan? En waarom staat hij pal voor mijn neus een hele parkeerplaats in beslag te nemen?'

De toezichthouders keken elkaar aan. Ik zag een vonkje overschieten. Eindelijk iets om uit te zoeken, misschien wel het deksel van een ambtelijke beerput, een gruwelijk schandaal dat hun roem en glorie ging brengen.

De bijrijder noteerde de gegevens die op de ton stonden. 'Go,' zei hij toen, en onmiddellijk gaf de collega gas – op naar het hoofdkwartier.

De ton staat er nu, drie weken later, nog steeds. Niemand gebruikt hem.

Jongens

Vaag kwam de jongen me bekend voor. Dat sluike, zwarte haar, die verlegen groene ogen. Hij was groter geworden, maar de slungel die je als kind al in hem verborgen zag, was er prachtig uit gekomen. Hij had bij mijn oudste dochter op school gezeten. Mij kende hij ook nog, dus daar stonden we ineens tegenover elkaar.

'Hé,' zei ik, 'hoe gaat-ie?'

'Goed hoor,' zei hij.

Ik nam hem even snel op. Hij droeg stevige werkmansschoenen, een broek van stugge stof en een t-shirt met op de borst de naam van een timmermansbedrijf. In een lus aan zijn broek hing een nieuwe duimstok.

'Wat doe je?' vroeg ik.

'Ik ben net klaar met school,' zei hij timide, 'ik werk bij een timmerman. Net begonnen.'

Godverdomme, wilde ik hem toeschreeuwen, timmerman! Je hebt een beroep geleerd. Timmerlieden zijn altijd nodig. Recht die rug! De mensen hebben altijd liever een toffe Amsterdammer met zaag en hamer over de vloer dan een Bulgaar die ze niet verstaan.

Maar ik hield me in en dacht aan mijn dochters. Die zaten op het gymnasium, allebei met goede cijfers over. Deze jongen had een andere weg afgelegd. Vmbo-t.

'Bevalt het?' vroeg ik.

'Mmmm,' deed de jongen – zijn blik op de grond. Misschien lag het aan mij en was ik een intimiderende verschijning.

'Man,' probeerde ik zacht, 'stel je nou voor: over een paar jaar heb je je eigen bus, met je eigen naam op de zijkant. Je staat in de Gouden Gids, de mensen bellen je, je rolt van de ene klus naar de andere. Je bent een vrij man. Timmerlieden zijn altijd nodig. Stel je eens voor.'

De jongen keek me aan. Even had ik het idee (het kan een waanvoorstelling zijn geweest) dat het beeld dat ik schetste bij hem postvatte, er leek iets van hoopvol ongeloof in zijn wonderschone groene ogen te schitteren. Toen keek hij weer naar de neuzen van zijn machtige schoenen.

'Nou ja,' zei ik, 'je zult zien, het komt allemaal goed.' En ik deed een stap opzij, zodat hij kon passeren.

Zelf moest ik ook verder, maar somber was ik ineens wel. Trof ik een jongen die een vak kon beoefenen, waren ze vergeten hem de bijbehorende trots en beroepseer aan te leren. Het is toch eigenlijk om te huilen.

Verderop kwam ik een gozer tegen die een paar jaar ouder was dan mijn jonge timmerman (had ik klussen in huis die hij buiten de tijd van de baas kon opknappen?) en die een roze-geel hesje droeg. Op de rug stond met grote letters VERKEERSREGELAAR.

Hij zat boven op een partij stenen te wachten tot er iets te regelen viel. Aan zijn riem borrelde een portofoon. Verderop stond zijn maat tegen een boom te pissen. De jongen op de stenen had een lied ingestudeerd dat hij met veel volume ten gehore bracht: 'I know nothing!' brulde hij. 'I know nothing, I know nothing, I know nothing!' Ik luister al een tijdje niet naar de hitparade, dus het kon hier om de huidige nummer één gaan. 'I Know Nothing'.

Bij de tijdgeest past het zeker.

Maar de manier waarop de verkeersregelaar (waarom schieten die types als paddenstoelen uit de grond?) zijn kreet de wereld in slingerde, deed vermoeden dat het hier om een soort strijdkreet ging, een samenvatting van alles wat hij in zijn mars wilde hebben, en dat niet alleen: met 'I Know Nothing' kon je nog een heel eind komen ook.

Volkomen in mineur vluchtte ik naar huis. Daar dacht ik aan de jonge timmerman. Hij wist niet everything, maar al wel een heleboel: hoe ver ging hij ermee komen?

Inhoud

Koekjesbrug	5
Eenzaam	8
Sandalen	11
Zwerver	14
Buurt-Polen	17
Regen	20
Veegploeg	22
Surprise	25
Sacherijnig	28
Hangouderen	31
De bakfiets	34
Wasserette	37
Kerstboom	40
Nummer 68603650	43
Balletdanser	46
Balletdanser (2)	49
Buurman	52
Binnentuin	55
Hoekhuis	58
Magie	61
Betrokkenheid	64

Parkiet	67
Chemokar	70
Sloopwerk	73
Angst	76
Huntelaar	79
Raadsel	82
Toerisme	85
Wrak	88
Rolkoffer	91
Kraaien	94
Postbode	97
Lach	100
Thuiskomst	103
Ukelele	106
Airco	109
Ongeluk	112
Kassabon	115
Hitte	118
Ecotoilet	121
Jongens	124